복합리조트법
– 카지노업 관리를 중심으로

복합리조트법 - 카지노업 관리를 중심으로

초판 1쇄 발행 2025년 11월 20일

지은이 박정인
펴낸이 장길수
펴낸곳 지식과감성⁺
출판등록 제2012-000081호

교정 이주연
디자인 정윤솔
편집 정윤솔
검수 한장희, 이현
마케팅 김윤길

주소 서울시 금천구 벚꽃로298 대륭포스트타워6차 1212호
전화 070-4651-3730~4
팩스 070-4325-7006
이메일 ksbookup@naver.com
홈페이지 www.knsbookup.com

ISBN 979-11-392-2912-7(93360)
값 18,000원

• 이 책의 판권은 지은이에게 있습니다.
• 이 책 내용의 전부 또는 일부를 재사용하려면 반드시 지은이의 서면 동의를 받아야 합니다.
• 잘못된 책은 구입하신 곳에서 바꾸어 드립니다.

지식과감성⁺
홈페이지 바로가기

복합리조트법
- 카지노업 관리를 중심으로

박정인

목차

들어가면서 … 6

제1장 우리나라 복합리조트와 카지노법

1. 「관광진흥법」 개관 … 12
2. 「관광진흥법」과 카지노법과의 관계 … 18
3. 「관광진흥법」 내 복합리조트 개념의 부재 … 21
4. 「관광진흥법」의 특별법으로서 복합리조트법의 필요성 … 24
5. 외국인 투자의 장애 가능성 … 35
6. 글로벌 규범으로서 복합리조트법의 필요성 … 38

제2장 우리나라 카지노업의 규제 현황

1. 개요 … 44
2. 카지노업의 허가 … 48
3. 카지노업의 운영, 관리 … 56
4. 카지노업에 대한 인식 개선의 필요성 … 72

제3장 일본 복합리조트와 카지노법

제1절 2단계 입법구조화

1. 불법에서 합법 논의로 … 100
2. 제정 이후의 분위기 … 103

제2절 2단계 입법의 내용

1. 「IR 추진법(특정복합관광시설구역 정비 추진법, 特定複合観光施設区域の整備の推進に関する法律, 2016년)」 **104**
2. 「IR 정비법(特定複合観光施設区域整備法, 2018)」 **111**

제3절 우리나라 법의 시사점

1. 일본 법체계의 우수성 **116**
2. 우리나라 법 정비의 필요성 **119**
3. 불법자금세탁과 세금의 문제 **121**
4. IR 경쟁국으로서의 일본 **125**

제4장 싱가포르 복합리조트와 카지노법

1. 개요 **128**
2. 「카지노 통제법」(2006)의 내용 **130**
3. 우리나라에 주는 시사점 **135**

제5장 우리나라 복합리조트와 카지노법의 미래

1. 복합리조트 단일법의 필요성 **140**
2. 내외국인 구별 없는 건전한 카지노 문화 정착 **150**
3. 사행산업에 대한 국가의 법정책 접근 변화 촉구 **154**
4. 정책적 제언 **163**

들어가면서

 우리나라의 법정 노동시간이 처음 정해진 1953년 「근로기준법」의 주 6일제 하루 8시간, 주 48시간 근로는 2000년이 되어서야 「근로기준법」 개정으로 주 5일제 40시간으로 개정되었다. 이와 같은 국가와 공공기관의 워라벨 노동 시작의 단축 추세는 이제 주 4.5일제 36시간 변경의 합의에 이르고 있다.

 2023년 3월, '주 4.5일제 확산법'(「과로사 예방 및 근로시간 단축 지원법」안')이 발의되기 시작하여 21대 국회에도 윤준병 의원이 대표 발의한 「과로사 예방 및 장시간 노동 방지를 위한 근로시간 단축 지원에 관한 법률안」과 박해철 의원이 대표 발의한 「과로사 예방 및 장시간 노동 방지를 위한 근로시간 단축 지원에 관한 법률안」[1] 모두 2025년 당선이 유력한 두 후보 모두 대선 공약에 포함되는 것을 보면 노동시간의 단축은 시대적 요구가 아닐 수 없다. 이와 같은 노동시간의 단축은 휴가권 보장으로 이어져 휴식과 레크리에이션의 기회로 이어진다. 사람들은 효율적으로 여가를 보내기 위해 복합 리조트를 찾게 되는 일도 많은데 이때 리조트란 "일정기간 일상생활권을 떠나서 자연환경이 좋은 일정 규모의 지역에 휴양을 목적으로 체류할 수 있는 시설을 갖추고, 관광·휴양 목적의 이용객에게 다양하고 선택적인 여가 활동이 이루어질 수 있는 시설이 계획적·종합적으로 갖춘 공간"으로[2] 정의할 수 있다. 여기에 쇼핑, 공연, 카지노 등 다양한 부대시설이 집적되어 있는 경우 '복합리조트(IR: Integrated Resort)'라고 한다. 복합리조트는 국가 및 지역 경제에 전략적으로 중요한 관광 인프라로서 단순한 숙박·오락 시설을 넘어서, 관광·숙박·쇼핑·컨

---

[1] https://data-explorer.oecd.org/vis?df[ds]=DisseminateFinalDMZ&df[id]=DSD_HW%40DF_AVG_ANN_HRS_WKD&df[ag]=OECD.ELS.SAE, OECD Average annual hours actually worked per worker 통계, 2025. 6. 27. 발표, 우리나라의 연평균 노동시간은 2020년 기준 연간 1,927시간으로서 OECD 국가 평균인 1,582시간에 비해 연간 345시간 더 일하고 있다. 이러한 장시간 노동으로 연간 500명 이상이 과로사하는 등 심각한 상황이 지속되고 있는 실정이다. 또한, 과로사의 업무상 재해 인정기준으로 사용되고 있는 「뇌혈관질병 또는 심장 질병 및 근골격계 질병의 업무상 질병 인정 여부 결정에 필요한 사항(고용노동부 고시)」은 업무와 사망 간 인과관계의 기준으로 발병 전 1주 평균 근로시간이 1주 평균 60시간(발병 전 4주 동안 1주 평균 64시간)을 초과하는 경우 업무와 질병과의 관련성이 강하다고 평가하고 있다. 따라서 일반적인 업무상 사고가 발생하는 산업재해에 비하여 업무상 과로나 스트레스로 인한 사망이나 질병의 경우 업무와의 인과관계 입증이 어려워 산업재해로 인정받기 쉽지 않은 실정이다 보니 이와 같은 법의 발의가 불가피하다고 제정 취지를 설명하고 있다.
[2] 류광훈, 한국형 복합리조트 제도화 방안, 한국문화관광연구원, 2012, 9면

벤션·엔터테인먼트·카지노 등을 하나의 공간에 통합한 고도화된 융복합 시설로 이해되며, 관광객의 장기 체류와 소비 유인을 통해 지역경제를 활성화하고, 국제적 관광 경쟁력 확보에 기여하는 특징을 가진다.[3]

글로벌 복합리조트 시장은 싱가포르 마리나 베이 샌즈, 일본 오사카 IR, 마카오의 대형 카지노 리조트 등 사례를 중심으로 빠르게 성장해 왔다. 특히 이들 국가는 정부 주도의 법제 정비와 적극적인 외국인 투자 유치 활성화를 통해 복합리조트를 국가전략산업으로 육성하고 있으며, 단일 관광자원 이상의 다기능 복합시설로서 복합리조트를 국가 브랜딩과 직결하여 생각한다. 그러나 우리나라 복합리조트산업은 일부 지역(인천 영종도, 제주 등)을 중심으로 제한적인 시도가 이루어지고는 있으나, 여전히 복합리조트 활성화에 대해 관심이 현저하게 부족할 뿐 아니라 현행 제도적·법적 장애 요소가 많아 외국인의 투자가 망설여지고 있다. 특히 「관광진흥법」, 카지노 규제 법령, 도시계획·건축·환경 관련 인허가 절차의 중복, 외국인 투자가 어려운 산만한 법령 등의 문제는 복합리조트의 국제 경쟁력을 저하하는 주요 요인이 아닐 수 없다. 이에 본 연구는 복합리조트 활성화를 위한 법적 과제로서 현행 문제점을 살펴보고 이를 개선할 수 있는 방안을 모색해 보고자 한다. 이 책은 「복합리조트 중심의 카지노산업

---

3   류광훈 상게서, 15면, 호주 외국인투자검토위원회(FIRB: Foreign Investment Review Board)에서는 통합관광리조트(ITR: Integrated Tourism Resorts)를 "단일 개발자에 의해 개발된 최소 50헥타르 이상의 단일지역에, 충분한 규모의 호텔시설(총숙박시설의 20% 이상)과 기타숙박시설, 광범위한 레크리에이션시설(골프, 테니스, 수영장, 산책로 등)을 갖추어야 한다고 규정한다.

발전을 위한 법령 개선방안 연구」(박양우·박정인·박칠순, 한국관광연구학회, 『관광연구저널』, 32권 12호, 2018. 12.), 「국내 카지노업 관리 입법 개선방안에 관한 법적 연구 – 카지노업 인식개선을 중심으로」(박정인·강신열, 한국입법학회, 『입법학연구』, 2025. 8.), 「복합리조트 활성화를 위한 법적 연구」(박정인, 한양대학교 법학연구소, 『법학논총』 42권 3호, 2025. 9.)와 같은 한국연구재단의 등재학술지에 저자가 실었던 논문을 중심으로 작성하였다.

2025년 가을

제1장

우리나라 복합리조트와 카지노법

1. 「관광진흥법」 개관

우리나라의 관광산업은 국가 경제 성장과 지역 균형 발전, 국민의 여가 및 문화생활 향유에 있어 중요한 축을 담당하고 있다. 이러한 배경 속에서 「관광진흥법」은 관광산업 전반의 진흥과 건전한 관광문화 정착을 목적으로 하는 기본 법률로 자리 잡고 있다. 이 법은 1961년 「관광사업법」으로 제정된 이래, 관광 수요의 증가와 산업 환경의 변화에 대응하기 위해 여러 차례 개정을 거치면서 오늘날의 체계를 갖추게 되었다.

현행 「관광진흥법」 체계는 크게 관광정책의 기본 방향 제시, 관광사업의 등록·운영·관리, 관광객 보호, 관광 인프라 조성 및 지원, 건전한 관광질서 확립이라는 다섯 가지 축을 중심으로 구성된다. 우선, 국가와 지방자치단체가 수립해야 할 관광개발계획 및 관광진흥계획을 규정함으로써 정책의 일관성과 체계성을 확보하고 있다. 이를 통해 관광거점 조성, 관광산업 인력 양성, 국제관광 교류 확대 등 중장기적인 목표를 추진할 수 있는 제도적 기반을 마련하였다.

둘째, 관광사업의 영역을 세분화하여 여행업, 관광숙박업, 국제회의업, 카지노업, 유원시설업, 관광편의시설업 등으로 구분하고 각 업종별 등록 요건, 시설 기준, 운영의무를 규정하고 있다. 이를 통해 관광사업자의 책임성과 신뢰성을 제고하는 동시에 관광객의 권익을 보호하고 있다.

셋째, 관광객의 안전과 권익 보호를 위해 여행자보호제도, 관광불

편신고센터 운영, 표준약관 제정 등을 규정하고 있으며, 특히 관광 불공정행위에 대한 행정 제재와 과징금 부과 등 법적 수단을 통해 건전한 거래 질서를 유지하도록 하고 있다.

넷째, 관광 인프라 확충 및 지원 부분에서는 관광특구 지정, 관광단지 개발, 공공·민간 투자 지원, 문화관광축제 지정 등을 포함하고 있다. 이는 지역경제 활성화와 지역관광자원의 체계적 활용을 촉진하는 중요한 장치로 기능하고 있다.

마지막으로, 건전한 관광질서 확립을 위해 불법 관광영업, 불법 도박, 외국인 관광객 대상 바가지요금 등 부정적 행위를 규제하는 규정을 두고 있으며, 이를 통해 국제적 신뢰를 높이고 지속가능한 관광산업 발전을 도모하고 있다.

결국 「관광진흥법」 체계는 단순히 관광산업의 성장 촉진에 머무르지 않고, 관광객의 권익 보호와 건전한 관광문화 정착, 나아가 국가 이미지 제고라는 종합적 목적을 실현하기 위해 발전해 왔다고 평가할 수 있다. 이러한 점에서 본 법은 우리나라 관광정책의 근간을 이루는 핵심 법률로서, 향후에도 국제 관광환경 변화와 국민 여가·문화 수요의 다양화에 대응하기 위한 지속적인 개선과 보완이 요구된다.

[표1] 관광진흥법 개요

제1장 총칙		제1조	목적
		제2조	정의
제2장 관광사업	제1절 통칙	제3조	관광사업의 종류
		제4조	등록
		제5조	허가와 신고
		제6조	지정
		제7조	결격사유
		제8조	관광사업의 양수 등
		제9조	보험가입 등
		제10조	관광표지의 부착 등
		제11조	관광시설의 타인경영 및 처분과 위탁경영
	제2절 여행업	제11조의2	결격사유
		제12조	기획여행의 실시
		제12조의2	의료관광 활성화
		제12조의3	전담여행사 지정 등
		제13조	국외여행 인솔자
		제13조의2	자격취소
		제14조	여행계약 등
	제3절 관광숙박업 및 관광객 이용시설업 등	제15조	사업계획의 승인
		제16조	사업계획 승인 시의 인허가 의제 등
		제17조	관광숙박업 등의 등록심의위원회
		제18조	관광숙박업자의 준수사항
		제19조	관광숙박업 등의 등급
		제20조	분양 및 회원 모집
		제20조의2	야영장업자의 준수사항
	제4절 카지노업	제21조	허가요건 등
		제21조의2	허가의 공고 등
		제22조	결격사유
		제23조	카지노업의 시설기준 등
		제24조	조건부 영업허가

제2장 관광사업	제4절 카지노업	제25조	카지노기구의 규격 및 기준 등
		제26조	카지노업의 영업 종류와 영업 방법 등
		제26조의2	유사행위 등의 금지
		제27조	지도와 명령
		제28조	카지노사업자 등의 준수 사항
		제29조	카지노영업소 이용자의 준수 사항
		제30조	기금 납부
		제30조의2	납부금 부과 처분 등에 대한 이의신청 특례
	제5절 테마파크업	제31조	조건부영업허가
		제32조	물놀이형 테마파크업자의 준수사항
		제33조	안전성검사 등
		제33조의2	사고보고의무 및 사고조사
		제34조	영업질서 유지 등
		제34조의2	테마파크 시설 안전정보시스템의 구축, 운영 등
		제34조의3	장애인의 테마파크 이용을 위한 편의 제공 등
	제6절 영업에 대한 지도와 감독	제35조	등록취소 등
		제36조	폐쇄조치 등
		제37조	과징금의 부과
	제7절 관광종사원	제38조	관광종사원의 자격 등
		제39조	교육
		제40조	자격취소 등
제3장 관광사업자 단체		제41조	한국관광협회중앙회 설립
		제42조	정관
		제43조	업무
		제44조	민법의 준용
		제45조	지역별, 업종별 관광협회
		제46조	협회에 관한 규정의 준용
제4장 관광의 진흥과 홍보		제47조	관광정보 활용 등
		제47조의2	관광통계
		제47조의3	장애인, 고령자, 다자녀가구 관광 활동의 지원

		제47조의4	관광취약계층의 관광복지 증진 시책 강구
제4장 관광의 진흥과 홍보		제47조의5	여행이용권의 지급 및 관리
		제47조의6	국제협력 및 해외진출 지원
		제47조의7	관광산업 진흥 사업
		제47조의8	스마트관광산업의 육성
		제48조	관광 홍보 및 관광 자원 개발
		제48조의2	지역축제 등
		제48조의3	지속가능한 관광활성화
		제48조의4	문화관광해설사의 양성 및 활용계획 등
		제48조의5	관광체험교육프로그램 개발
		제48조의6	문화관광해설사 양성교육과정의 개설·운영
		제48조의8	문화관광해설사의 선발 및 활용
		제48조의9	지역관광협의회 설립
		제48조의10	한국관광 품질인증
		제48조의11	한국관광 품질인증의 취소
		제48조의12	일·휴양연계관광산업의 육성
제5장 관광지 등의 개발	제1절 관광지 및 관광단지의 개발	제49조	관광개발기본계획 등
		제50조	기본계획
		제51조	권역계획
		제52조	관광지의 지정 등
		제53조	행위 등의 제한
		제54조	조사·측량 실시
		제55조	조성계획의 시행
		제56조	관광지 등 지정 등의 실효 및 취소 등
		제57조	공공시설의 우선 설치
		제57조의2	관광단지의 전기시설 설치
		제58조	인허가 등의 의제
		제58조의2	준공검사
		제59조	관광지 등의 처분

제5장 관광지 등의 개발	제1절 관광지 및 관광단지의 개발		제60조	국토의 계획 및 이용에 관한 법률의 준용
			제61조	수용 및 사용
			제63조	선수금
			제64조	유지·관리 및 보수비용
			제65조	강제징수
			제66조	이주대책
			제67조	입장료 등의 징수와 사용
			제69조	관광지 등의 관리
			제69조의2	관광지 등에 설치·방치된 물건 등의 제거
	제2절 관광특구		제70조	관광특구의 지정
			제70조의2	관광특구의 지정을 위한 조사·분석
			제71조	관광특구의 진흥계획
			제72조	관광특구에 대한 지원
			제73조	관광특구에 대한 평가 등
			제74조	다른 법률에 대한 특례
제6장 보칙			제76조	재정지원
			제76조의2	감염병 확산 등에 따른 지원
			제77조	청문
			제78조	보고·검사
			제79조	수수료
			제80조	권한의 위임·위탁 등
제7장 벌칙			제81조~84조	벌칙
			제85조	양벌규정
			제86조	과태료

2.「관광진흥법」과 카지노법과의 관계

우리나라의 관광산업을 규율하는 기본 법률은 「관광진흥법」이며, 카지노업은 이 법의 틀 안에서 관광사업의 하나로 규정되어 있다. 「관광진흥법」 제3조제1항은 관광사업의 유형을 나열하고 있는데, 그 중 제6호에서 카지노업을 명시하고 있다. 즉, 카지노업은 독립적인 '카지노법'이라는 단행법에 의해 운영되는 것이 아니라, 호텔업·여행업·국제회의업 등과 나란히 관광사업의 일부로 위치해 있다.

「관광진흥법」 및 그 시행령은 카지노업의 정의, 등록·허가 요건, 시설 기준, 운영 규정 등을 규율한다. 카지노업은 주사위·트럼프·룰렛과 같은 대통령령이 정한 게임행위를 영업으로 하는 사업으로 정의되며, 문화체육관광부 장관의 허가를 받아야만 영업이 가능하다. 따라서 카지노업은 관광산업의 한 축으로서 엄격한 관리·감독 체계 아래 놓여 있다고 할 수 있다.

한편, 우리나라의 카지노 제도에는 특수성이 존재한다. 일반적으로 외국인 전용 카지노로 운영되며, 내국인에게는 「폐광지역 개발 지원에 관한 특별법」에 근거하여 설립된 강원랜드 카지노만 출입이 허용된다. 이와 같이 「관광진흥법」은 카지노업을 포괄적 관광산업의 틀 속에서 규정하면서도, 특정한 사회경제적 필요에 따라 별도의 특별법을 통해 보완적인 규제를 하고 있는 것이다. 결국, 우리나라에서 카지노업의 법적 위치는 「관광진흥법」상 관광사업의 하나로 자리하고 있으며, 건전한 관광질서 확립과 국가 이미지 제고라는 목적 속에서 운영된다. 동시에 폐광지역의 경제 회생이라는 특별한 정책 목표에 따라 부분적으로는 특별법에 의해 내국인 이용을 허용하는 이중적 구조를 형성하고 있다. 이는 카지노업이 단순한 오락산업을 넘어, 관광산업의 진흥과 지역 개발, 사회적 형평성까지 아우르는 다층적인 법적·정책적 의미를 가진다는 점을 보여준다.

카지노업은 초기 도입기(1960~1970년대)에 외화 확보로 논의되었던 바 있는데 이는 1967년 「관광진흥법」 제정으로 관광산업 육성을 위한 법적 기반을 마련하고자 함이었다. 그리하여 1968년 최초 외국인 전용 카지노 개장(워커힐 호텔, 서울 광장동)하여 당시에는 내국인 출입 전면 금지, 외국인 관광객만 이용 가능하도록 하였는데 이는 국가 외화 확보와 관광산업 진흥이 목적이 시급하였기 때문이다. 이후 제도 확립기(1980~1990년대)라고 할 수 있는 1986년 아시안게임, 1988년 서울올림픽 개최에 맞춰 외국인 전용 카지노가 확충되었는데 「관광진흥법」에 따라 카지노업은 문화체육관광부 장관 허가제로 운영되기 시작하였다. 이후 1990년대까지 전국적으로 외국인 전용 카지노가 점차 확대되는 추세가 되었다(제주도, 부산, 인천 등). 1990년대 후반에 들어 내국인 출입 허용으로 정책이 전환되었는데, 1995년 「폐광지역 개발 지원에 관한 특별법」이 제정되면서였다. 이는 폐광지역 경제 회생을 위한 특별 조치로, 1998년 '강원랜드'가 설립되어 2000년 정선에서 개장을 하게 되었고, 대한민국 유일의 내국인 출입 허용 카지노가 되었다. 그러나 이는 폐광지역 특별법에 따라 내국인 출입을 제한적으로 허용하였다. 규제 및 관리 강화기라고 할 수 있는 2000년대 이후「관광진흥법」개정은 카지노업을「관광진흥법」상 관광사업으로 규정, 허가제·보고제 강화하였다. 이후「특정 금융거래정보의 보고 및 이용 등에 관한 법률」이 적용되어 카지노업도 금융기관과 마찬가지로 불법자금세탁과 테러자금방지의 규제 대상이 되었다. 이로 인하여 금융기관과 마찬가지로 고객확인의무, 의심거래보고의무, 거래기록 보관 등 의무가 카지노사업자에게 부과되었다. 2007년에 제정된「사행산업통합감독위원회법」으로 국가는 카지노, 경마, 경륜, 경정, 복권 등 사행산업 전반을 직접 관리하는 위원회를 사행산업통합감독위원회로 정하였다. 카지노 수는 2025년 기준으로 총 17개소로 외국인 전용 16개, 내국인 허용 1개(강원랜드)이다. 최근 온라인 도박·불법 사행산업 확산으로 오프라인 카지노의 합법성과 건전성이 오히려 강조되고 있으며 IR(복합리조트) 법제 정비 필요성은 꾸준히 제기되어 왔다. 최근 들어 일본이 곧 IR 개장을 앞두게 되자 일본·싱가포르 모델을 벤치마킹해야 한다는 논의가 활성화되었으나, 다만 내국인 출입 허용 확대는 사회적 반발(도박중독 우려)로 정체 상태에 있는 것이 사실이다.

3. 「관광진흥법」 내 복합리조트 개념의 부재

노동 시간의 단축은 사람들이 효율적으로 여가를 보내기 위해 복합리조트를 장기간 찾는 것을 가능하게 하였다. 복합리조트는 하나의 단일 공간 안에 관광, 숙박, 쇼핑, 국제회의(MICE), 엔터테인먼트, 식음료, 카지노 등의 다양한 기능을 결합한 고밀도 융복합형 관광시설을 떠오르게 한다. 전통적인 리조트가 휴양 중심의 숙박과 일부 오락 기능에 한정되었던 반면, 복합리조트는 장기 체류형 고부가 관광객 유치를 목적으로 하여 관광과 소비, 문화, 비즈니스 기능을 통합하여 운영되는 개념이다.[4] 우리나라에서 복합리조트와 관련한 법률은 「관광진흥법」이라고 할 수 있는데, 이 법은 '복합리조트'의 법적 정의가 별도로 존재하는 것은 아니다. 그럼에도 불구하고 복합리조트가 관광산업이라는 데에는 異說이 존재하지 않고 있으므로 「관광진흥법」 제2조의 "관광사업"에 관한 규정을[5] 대부분 활용하여 '복합리조

---

4 https://www.tour.go.kr/FileSystem/UploadTemp/SendNewsLetter/Hot%20Issue%20Brief_20130618.pdf?, 관광지식정보시스템, 『Hot Issue brief 84』, 「복합리조트 개발과 조성방안」, 융합연구실 정책정보통계센터, 2013. 6. 18.; 정부는 2013년부터 현재까지 일정규모 이상의 부지에 풀서비스의 숙박시설과 해변, 스키장, 골프장 등의 레저, 스포츠 시설과 테마파크, 게이밍 시설 등을 선택적으로 포함하고 있는 목적지 리조트라고 하고 있으며 핵심적 동인시설은 카지노이고 집객력 확보를 위해 테마파크(워터파크 포함) 등의 시설과 대규모 숙박시설, MICE 시설, 엔터테인먼트시설과 문화시설 등을 보유하며 오키나와현에서는 입지 유형에 따라 복합리조트를 도심형과 교외형, MICE형과 어뮤즈먼트형으로 구분하고 있다.

5 「관광진흥법」 제2조 제1호, "관광사업"이란 관광객을 위하여 운송·숙박·음식·운동·오락·휴양 또는 용역을 제공하거나 그 밖에 관광에 딸린 시설을 갖추어 이를 이용하게 하는 업(業)을 말한다.

트'를 해석하게 된다.

  다만 문화체육관광부는 복합리조트에 대해 허가제도를 가지고 있어 단순히 복합리조트를 하겠다고 하는 사업가의 의지만으로는 복합리조트사업을 할 수 있는 것은 아니고 전략적으로 투자설명회 이후 선정과 허가 절차를 거쳐서야 가능하다.[6] 즉, 복합리조트는 문화체육관광부장관이 '관광 인프라 및 기업 혁신투자 중심의 투자 활성화 대책'의 일환으로 복합리조트 선저, 허가가 있을 때에만 신규 설립이 가능한데 이때 지침에서 복합리조트의 개념은 관광숙박업 또는 국제회의업 시설을 전제로 하면서 스포츠, 위락, 식음료, 레크레이션, 카지노업 등의 다양한 부대시설을 갖춘 종합시설 또는 종합단지로 정의한다.[7] 즉, 우리나라는 복합리조트와 카지노를 함께 허가 내는 방식으로 카지노업을 허가하기 때문에 복합리조트만을 허가하지는 않는다. 그러나 복합리조트의 개념은 「관광진흥법」 내에 존재하지 않으며, 문화체육관광부가 발표한 지침에 따르면 '복합리조트' 설립을 허가하는 요건은 첫째, 관광 숙박시설과 대규모 컨벤션센터, 전시공간 등의 장기적으로 업무를 볼 수 있는 비즈니스 관광객과 국제회의 수요를 수용할 수 있는 핵심 인프라의 준비, 둘째, 다양한 쇼핑몰, 브랜드 스토어, 식음료 시설 등은 일반 관광객과 가족 단위 방문객의 소

---

6 https://www.mcst.go.kr/kor/s_notice/press/pressView.jsp?pSeq=14005, '한국관광의 새로운 성장 견인하는 테마형 복합리조트 설립 추진', 2015. 1. 19. 자 문화체육관광부 보도자료.

7 박양우·박정인·박칠순, 「복합리조트 중심의 카지노산업 발전을 위한 법령 개선방안 연구」, 한국관광연구학회, 『관광연구저널』, 32권 12호, 2018. 12., 36면.

비를 촉진하는 요소를 포함하고, 셋째, 카지노와 같은 게임 시설 등으로 지역경제와 관광산업에 자극을 주는 수익구조가 마련되어 있으며, 넷째, 문화예술공연장, 테마파크, 수변 공간, 미디어아트 등 복합문화 콘텐츠를 제공하여 단순한 숙박 공간이 아닌 종합 엔터테인먼트 체험형 관광을 제공하는 곳이라 할 수 있다.

4. 「관광진흥법」의 특별법으로서 복합리조트법의 필요성

우리나라에서 복합리조트와 카지노는 분리된 산업이 아니라 상호 결합된 구조로 운영된다. 이는 카지노가 단순한 도박 시설로만 인식될 경우 사회적 반발이 클 수 있으나, '복합리조트'라는 보다 광범위한 관광 인프라 속에서 함께 발전할 때 경제적·문화적 정당성을 확보할 수 있다는 정책적 고려에 기초한다. 문화체육관광부가 카지노업 단독이 아닌 복합리조트 형태를 중심으로 허가하는 가장 큰 이유는 관광산업 진흥과 국가 이미지 제고라는 목적 때문이다. 복합리조트는 카지노 외에도 호텔, 컨벤션센터, 쇼핑, 공연, 테마파크, 마리나 등 다양한 관광·문화 시설을 포함함으로써 외국인 관광객을 유치하고 장기 체류형 관광을 촉진하는 효과가 있다. 이러한 구조 속에서 카지노는 단순한 도박산업이 아니라 복합 관광자원 중 하나로 자리매김한다. 또한 복합리조트는 막대한 초기 투자와 운영비용이 필요한데, 카지노 수익은 이러한 투자비 회수와 지속 가능한 운영을 가능하게 하는 핵심 수익원이다. 따라서 정부는 카지노와 비카지노 시설을 결합함으로써 투자 유치를 촉진하고, 지역경제 활성화와 고용 창출을 동시에 달성할 수 있는 구조를 설계한 것이다.

문화체육관광부가 복합리조트와 카지노를 함께 허가하는 또 다른 이유는 통합적 관리와 규제의 효율성이다. 만약 카지노업이 독립적으로 허가된다면, 다른 관광산업과의 연계성이 약해지고 규제의 분절화 문제가 발생할 수 있다. 반면 복합리조트 단위로 허가와 감독을 시행하면 카지노 운영의 투명성을 확보하는 동시에 관광 전체 생태계의 균형을 유지할 수 있다. 특히 외국인 전용 카지노 제도 운영, 사회적 책임 프로그램(Social Responsibility Program), 자금세탁방지(AML)의무 부과 등은 모두 문화체육관광부의 감독하에서 일관되게 관리된다.

결과적으로, 복합리조트와 카지노를 문화체육관광부가 함께 허가하는 이유는 카지노의 경제적 수익성과 복합리조트의 관광·문화적 파급효과를 조화시키고, 이를 통합적으로 관리·감독함으로써 건전한 관광질서 속에서 산업 진흥을 도모하기 위함이라고 할 수 있다. 이는 카지노업의 사회적 논란을 완화하는 동시에, 국가적 차원에서 관광산업 경쟁력을 제고하는 전략적 선택으로 이해된다. 복합리조트 설립을 국가가 개입하는 가장 큰 이유는 부대시설로서 '카지노업'을 포함하기 때문이다. '카지노업'은 일찍이 사행산업으로 일컬어져 전 세계적으로 국가의 관리감독을 지속적으로 받아 왔다. 현재 카지노업에 대한 허가에 관하여 「관광진흥법」 제5조와 「관광진흥법 시행규칙」 제6조, 시설기준에 관하여 「관광진흥법」 제23조, 「관광진흥법 시행규칙」 제29조 등에서 근거 규정을 두고 있으나 이는 복합리조트에 관한 규정은 아니라고 봐야 할 것이다. 왜냐하면 복합리조트는 때에 따라 카지노업을 포함하지 않기도 한다. 그럼에도 불구하고 문화체육관광부는 복합리조트 개발에 반드시 카지노업을 포함하고 있는데, 이는 전 세계의 추세로, 카지노업을 복합리조트의 필수 투자를 유인하는 전제조건으로 활용하기 때문이다. 만일 카지노업을 전제로 하는 복합리조트라고 한다면 현재 카지노업만을 허가받는 방식의 「관광진흥법」 체계는 내외국인의 혼란을 불러오는 것이 사실이다. 특히 복합리조트를 허가 낼 때 카지노업 규정을 근거로 고시와 공고를 낸다는 부분은 위임 입법상 행정행위가 과도하게 허가요건들을 창설해 낼 수 있음을 의미한다. '카지노업'을 관리하는 국가의 입법체계로는 별도로 '카지노업'만을 관리하는 방식이 있고,[8] 우리나라와 같이 복합리조트를 전제로 하여 부대시설로써 '카지노업'을 관리하는

---

8 미국은 연방이 아닌 '주(州) 단위' 허가제로, 주별 카지노법이 존재한다. 네바다주는 네바다 「게임통제법(Nevada Gaming Control Act)」, NRS Chapter 463(Licensing and Control of Gaming)에서 주 면허 의무·적격성 심사 등을 하며 뉴저지주(애틀랜틱시티)도 「카지노 통제법(Casino Control Act)」(N.J.S.A. 5:12-1 et seq.)에서 카지노 면허 요건·불허 사유·수수료 등을 규제한다. 필리핀은 PAGCOR 헌장 대통령령(President Directive) 1869에 따라 국영 PAGCOR에 카지노 운영·허가·규제 권한을 부여하고 공화국법(R.A.) 9487(2007)에 따라 P.D. 1869년에 개정·프랜차이즈 갱신·허가 권한을 재확인한다. 필리핀은 특별경제구역(오프쇼어 포함) 관련 특례가 있는데 CEZA(Cagayan Economic Zone Authority(카가얀 경제구역청))는 1995년 필리핀 법률 Republic Act No. 7922 R.A. 7922로 외국인 투자 유치, 금융·게임산업 규제 등을 담당하는데 CEZA Interactive Gaming Rules(2017)의 경우 카가얀 경제자유구역 내 카지노 라이선스를 관리한다. 필리핀 내 오로라 경제구역의 경우 APECO(Aurora Pacific Economic Zone and Freeport Authority(오로라 태평양 경제자유구역청)): R.A. 9490, R.A. 10083을 개정하여 카지노업을 지정 관리하는 별도 규정을 가진다. 그리하여 필리핀은 PAGCOR(Philippine Amusement and Gaming Corporation(필리핀 국가공공게임청)) 면허가 일반적이며, 구역별 특례는 해당 구역 내에서만 유효하다. 캄보디아(Cambodia)는 「상업도박관리법(Law on the Management of Commercial Gaming, 2020.11.14.)」에 따라 카지노·통합리조트 허가체계·구역 구분·적격성·의무 등을 포괄 규율하는 '근거법'을 가지고 있고 하위법령으로(2021. 8. 26.) 서브디크리 165조, 상업도박관리위원회(CGMC) 조직·권한(정책·면허·감독) 설치 규정을 두고 서브디크리 166조, 카지노 운영 최소 자본 요건이 규정되어 이것이 충족되면 충분한 것으로 본다.

방식이 존재하는데 복합리조트(비카지노업 투자)를 전제로 하는 경우 모두 별도의 법을 가지고 있다.

[표2] 각국의 카지노업 허가 기준

구분	우리나라	싱가포르	일본	미국	필리핀	캄보디아
단독 카지노 허용	불가	불가	불가	가능	가능	가능
IR법 별도 존재	없음	있음	있음	주에 따라 다름	있음	있음
IR 전제요건	필수	필수	필수	불필요	불필요	불필요
진입 난이도	높음	높음	높음	보통	낮음	낮음

출처: 저자 작성

[표2]에서 보다시피 우리나라와 일본, 싱가포르의 경우는 미국, 필리핀, 캄보디아와 달리 복합리조트가 전제된 가운데 카지노업을 허용하는 법체계를 가지고 있다.[9] 즉, 복합리조트가 전제된 카지노업은 호텔·컨벤션·쇼핑몰·엔터테인먼트 등 복합관광시설의 부대시설로 포함되며 카지노는 전체 시설 중 일부로 제한되고 면적도 제한된다. 또

---

9 복합리조트형 카지노는 관광산업 및 지역경제 활성화를 전제로 한 국가 전략형 모델로, 사회적 수용성을 확보하면서 카지노에 대한 간접적 수용을 유도하는 구조이고, 단독형 카지노는 자유시장 접근에는 유리하지만, 사회적 반감과 도박중독 위험 등 부작용이 클 수 있어, 도박에 관대한 문화나 규제력이 강한 국가에서나 시행되는 경향이 있다고 볼 수 있다. 우리나라, 일본, 싱가포르는 복합리조트형만 허용함으로써 카지노업과 비카지노업을 함께 운영하여 정책 명분과 규제력을 동시에 확보하는 모델을 채택하고 있는 것으로 보인다.

다른 법체계는 단독형 카지노 관리법으로 운영되는 체계로, 카지노업을 단독으로 허가·운영이 가능하며 별도의 관광시설을 포함·유지할 의무는 없고 카지노업 중심의 운영 구조가 가능하다. 즉, 전 세계가 복합리조트는 관광법에서 특별법으로 제정·관리하는 방식으로 운영된다. 특히 최소 투자금으로 사업에 진입영역을 두는지에 대해서는 법령에 근거를 둔 경우와 그렇지 않은 경우로 분류해 볼 수 있다.

[표3] 최소투자금에 대한 각국 법령 근거

국가	근거법(또는 하위법)에 '최소 투자금' 숫자 규정	설명
한국	행정공모 지침과 경자법[10]	「관광진흥법」 체계상 허가·선정 권한만 있고 수치 없음. 지방자치단체가 부지를 내어줘야 하기 때문에 항상 「경제자유구역의 지정 및 운영에 관한 특별법」에 따라 선정된 부지 내에서만 선정해 옴.[11]
싱가포르	숫자 규정 없음(법률)	「Casino Control Act 2006」는 규제·면허 체계만 규정, 최소 투자액 수치 조항은 없음.[12]

---

10 "총투자규모 1조 원 이상(외국인 투자 5억 불 이상)" 명시(「경제자유구역의 지정 및 운영에 관한 특별법」 제23조의3제1항제1호)

11 https://www.korea.kr/news/issueQAView.do?newsId=148810004, 대한민국 정책브리핑, "영종도에 복합리조트 조성…사업자 '인스파이어 IR' 선정", 2016. 2. 16., 경자법에 따라 영종도 내 인스파이어 IR은 2019년까지 1조 5천억 원 투자를 약속하고 선정되었다.

12 https://www.jibs.co.kr/news/articles/articlesDetail/36801, JIBS뉴스, "'인스파이어'가 문제가 아니야.. '성장 기회' vs '출혈 경쟁': (2) '나누기'? '더하기'?.. IR 경쟁 '궤도'", 제주방송 김지훈 기자, 2024. 1. 25., 싱가포르는 2028년까지 90억 싱가포르 달러(약 8조 8,400억 원)를 투자해 싱가포르 랜드마크인 마리나 베이 샌즈와 리조트 월드 센토사의 리조트, 엔터테인먼트 시설 확장에 나섰다.

국가	최소 투자금액	법적 근거
일본	숫자 규정 없음(법률)[13]	「IR 추진법(2016)」과 「IR 정비법」(2018)·시행령에 절차·규제는 있으나 최소 투자액 수치 조항은 없음(지역계획별 사업규모는 별도).[14]
미국	있음(주법) → 최소 투자금 USD 500M(Category 1 리조트 카지노)	「매사추세츠 일반법」 Chapter 23K § 10에 "카테고리 1 면허 최소 5억 달러 자본투자" 명문 규정 존재
필리핀	법률에 수치 없음, 다만 규제기관(PAGCOR) 라이선스 조건으로 USD 1B	PAGCOR 권한은 RA 9487(PAGCOR 개정 헌장) 등 법률에 근거. Entertainment City 정규면허 요건 문서·공식 자료에 "총 10억 달러(Phase 요건 포함)" 명시.
캄보디아	있음(하위법) → IR 최소 '자본금' KHR 8,000억(USD 200M) / 기타 카지노 KHR 4,000억	모법 「LMCG(2020, 상업도박관리법)」와 시행령 Sub-Decree No.166(2021)으로 최소 자본 요건을 법령에 수치로 규정.[15]

출처: 저자 작성(각국 법령 검토)

---

13   https://www.ajunews.com/view/20240213144431135, 아주경제, "메기 등장에 카지노업계 '초긴장'… 논 게이밍 부문 힘 싣는다", 김다이 기자, 2024. 2. 13.
   https://marketin.edaily.co.kr/News/ReadE?newsId=01784326639021104, 마켓인, "'20조 투자' 카지노 환영하는 이 나라.. 싱가포르·일본에 도전장", 이데일리 이선우 기자, 2024. 9. 17., 일본의 오사카 IR 프로젝트의 경우, 최소 투자금에 대한 명시적 기준은 없지만, 2030년 개장을 목표로 약 1조 엔 규모의 투자가 예정되어 있다.

14   https://www.kantei.go.jp/jp/singi/ir_promotion/kankeihourei/index.html, 「특정 복합 관광 시설 구역의 개발 촉진에 관한 법률」(平成 28年 12月 26日 法律 第115号) 결의문, 이 결의문에 따라 참의원과 중의원이 결의하는 특정 복합 관광 시설 구역이 존재한다. 우리나라의 「경제자유구역의 지정 및 운영에 관한 특별법」과 같은 것으로 보인다.

15   https://www.rajahtannasia.com/wp-content/uploads/2024/11/2021_11-New-Regulations-for-Commercial-Gaming.pdf, 2021. 11., rajah tann asia 캄보디아 상업게임 새로운 규범 참고.

우리나라를 제외하고 일본, 싱가포르와 같이 복합리조트가 전제된 카지노업만 가능한 국가에서는 모두 별도의 '복합리조트법'이 존재해 왔다. 즉, 카지노는 "부대시설" 또는 "일부 기능"으로 제한되고 허가 요건상 복합리조트 전체 설계·투자·시설계획과 균형적인 투자금을 요구하기 때문이다. 일본은 「특정 복합 관광 시설 구역의 개발 촉진에 관한 법률」(통칭: IR 추진법, 실현법 합쳐 IR 정비법, 2018년 제80호) 제2조제1항에서 "복합리조트란, 국제회의장시설, 전시시설, 숙박시설, 카지노시설, 그 밖에 이와 관련된 시설들이 일체적으로 설치되어, 관광객의 국내외 유치를 촉진하는 데 기여할 수 있는 시설을 말한다"라고 규정하고 있다. 싱가포르는 「카지노 통제법(Casino Control Act 2006(Cap. 33A))」 Section 50(3)(b) 및 Casino Control(Designated Integrated Resort) Order 등을 통해 카지노는 "designated site"(즉, 통합리조트 부지)에 한해서만 허가된다. 그리하여 싱가포르의 마리나 베이 샌즈와 리조트 월드 센토사는 각각 별도의 카지노 면허증을 받는 대신, 허가 조건에는 호텔, 회의장, 테마파크, 레스토랑, 공연장 등 시설 요건이 포함된다.

[표4] 우리나라 문체부 공고에서 복합리조트 시설의 종류와 규모 허가요건

구분		비즈니스형	위락형
1. 필수 시설		필수 개발	
	숙박시설	5성급 수준의 호텔 1,000실 이상	
	회의시설	전문회의시설 이상[16]	준회의시설 이상
	테마어트랙션 시설	200억 원 이상	700억 원 이상
	카지노시설 (외국인 전용)[17]	전용영업장면적은 총건축연면적의 5% 이내	
	쇼핑시설	20,000㎡ 이상	
	문화·예술 시설	국제적 수준의 공연이 가능한 상설 공연장 등	
2. 선택 시설 (문화예술, 식음, 엔터테인먼트, 레저스포츠, 헬스·의료 등)		필수 시설에 포함되지 않는 시설 중에서 2종류 이상의 시설개발을 포함하여야 한다.	

출처: 문체부 공고 제2015-0190호, '복합리조트 개발 사업계획 공모'

우리나라의 「관광진흥법」은 복합리조트에 관한 법적 근거가 없고 카지노업을 전제로 한 복합리조트사업에 대해 행정청이 지침을 통

---

16 전문회의시설은 「국제회의산업 육성에 관한 법률 시행령」 제3조에 따른 등록요건 준수할 것을 요구하였다.
17 문화체육관광부, 문체부 공고 제2015-0190호, '복합리조트 개발 사업계획 공모', 카지노업 시설 전용영업장 면적은 카지노게임을 위한 공간으로 15,000㎡ 이하를 준수하며, 안내, 게임진행 보조시설(칩스뱅크, 카운트룸, 출납, 환전소, 서베일런스, 전산시설, 기타 사무공간), 이동공간(주요통로, 계단, 엘리베이터), 식음시설, 판매시설, 공연시설, 장식공간, 편의시설(화장실, 흡연실) 등의 시설은 면적 산정에서 제외한다.

해 사업을 공모하여 허가제로 운영한다. 이는 국민의 경제활동을 제한하는 효과가 크므로 법률로써 근거를 둘 필요가 있다. 즉,「헌법」제37조제2항에 따르면 국민의 자유와 권리는 법률로써 제한해야 할 수 있는데 문화체육관광부가 단순한 공고·고시에 의한 허가 구조는 "법률유보" 원칙에 위배될 수 있다.[18] 궁극적으로 복합리조트사업은 예측가능성이 부족한데 산업 참여 조건이 명확한 법령이나 시행령이 아니라, 그때그때 달라지는 행정청의 공고에 따라 좌우되고 있는 탓에 투자자와 사업자 입장에서는 법적 안정성이 결여된다고 판단할 수 있어 기업의 장기적 투자계획·연구개발 전략을 크게 제약할 수 있다. 또한 행정재량 남용 가능성도 존재하는데 명확한 기준 없이 행정청이 허가 여부를 공고로만 좌우할 경우, 자의적 판단이나 특정 기업

---

18 임종욱,「클라우드컴퓨팅서비스 보안인증 등급제와 법률유보의 원칙」,『과학기술과 법』제16권 제1호, 충북대학교 법학연구소, 2025. 6., 195~196면, 법률유보원칙은 단순히 행정작용이 법률에 근거를 두기만 하면 충분한 것이 아니라, 국가공동체와 그 구성원에게 기본적이고도 중요한 의미를 갖는 영역, 특히 국민의 기본권 실현에 관련된 영역에 있어서는 행정에 맡길 것이 아니라 국민의 대표자인 입법자 스스로 그 본질적 사항에 대하여 결정하여야 한다는 요구까지 내포하는 것으로 이해되고 있다(이른바 의회유보원칙). 그런데 입법자가 형식적 법률로 스스로 규율하여야 하는 사항이 어떤 것인가는 일률적으로 획정할 수 없고, 구체적 사례에서 관련된 이익 내지 가치의 중요성, 규제 내지 침해의 정도와 방법 등을 고려하여 개별적으로 결정할 수 있을 뿐이나, 적어도「헌법」상 보장된 국민의 자유나 권리를 제한할 때에는 그 제한의 본질적인 사항에 관한 한 입법자가 법률로써 스스로 규율하여야 할 것이다(헌재 2008. 2. 28. 2006헌바70 참조). 다만 법률유보의 원칙은 법률에 의한 규율만을 의미하는 것이 아닌 법률에 근거한 규율이 이루어질 것을 의미하는 것이므로 기본권 제한이 법률의 형식으로만 이루어져야 하는 것은 아니고 일정한 위임의 구체성과 명확성을 갖추고 있다면 위임입법의 방식으로도 가능하지만 침해유보설, 중요사항유보설, 급부행정유보설, 전부유보설 등 접근으로 나뉠 수 있다.

에 유리한 차별적 결정이 가능해진다. 이는 평등권 침해 논란과 더불어 행정소송의 대상이 될 수 있다. 국가가 신산업을 유연하게 관리·진흥하기 위해 임시적 공고 방식을 활용하는 경우도 있으나 이 경우에도 한시성·실험성이 명확해야 하고, 궁극적으로는 법률상 제도화로 이어져야 한다. 그렇지 않고 장기간 법적 근거 없이 공고에만 의존한다면, 이는 국가가 경제적 자유를 과도하게 제한하는 것으로 평가될 수 있다. 그동안 우리나라는 일본, 싱가포르와 달리 '복합리조트법' 없이 「관광진흥법」의 '숙박업 부대시설' 관련 규정과 여러 관광시설 규정 및 카지노 관련 규정을 인용하는 방식으로 문화체육관광부의 공고에 의존하여 복합리조트사업자를 공모, 허가, 승인하는 방식을 취해 왔다.[19]

우리나라가 카지노업만 단독으로 허가하지 않고 복합리조트업을 전제하여 카지노업을 승인하는 이유는 국민들의 사행심을 저하시킬 수 있게 하는 바람직한 동기를 엔터테인먼트 이용과 숙박 목적으로도 전환시킬 수 있기 때문이라는 좋은 입법목적과 일정 지역경제의 활성화를 위하여 '관광개발' 명분을 준다는 장점은 존재하나, 정부는 그만큼 카지노업 하나만을 관리감독하는 것이 아니라 복합리조트의 거대한 규모 전체의 원활한 투자와 자금 관리, 사전계획 심사 및 연

---

19 「관광진흥법」 제21조의2(허가의 공고 등) ① 문화체육관광부장관은 카지노업의 신규허가를 하려면 미리 다음 각 호의 사항을 정하여 공고하여야 한다. 1. 허가 대상지역 2. 허가 가능업체 수 3. 허가절차 및 허가방법 4. 세부 허가기준 5. 카지노업의 건전한 운영과 관광산업의 진흥을 위하여 문화체육관광부장관이 정하는 사항 ② 문화체육관광부장관은 제1항에 따른 공고를 실시한 결과 적합한 자가 없을 경우에는 카지노업의 신규허가를 하지 아니할 수 있다. 이 규정은 카지노업의 허가에 관한 규정으로, 복합리조트사업자 공고의 근거규정이라고 보기는 어렵다.

계시설 관리까지 많은 행정이 요구된다. 행정이 이와 같이 상당히 고난이도의 관리감독의무를 지는데도 불구하고 법률에 근거 없이 「관광진흥법」의 일부 카지노업 규정에만 의존하는 국가는 우리나라뿐이다. 행정지침 중심 복합리조트 운영과 카지노 허가는, 유연성은 높을 수 있지만, 법적 구속력·예측가능성·민주적 정당성이 부족해 권리보호와 제도 신뢰성 측면에서 문제가 크다. 법률 위반은 법원에서 다툴 수 있지만, 단순한 행정지침은 재판에서 "법적 근거 없는 내부 문서"로 무효 취급될 수 있다. 결국 분쟁 발생 시 구제받기 어려워, 권리 침해 상황에서 국민이 취약해진다.

5. 외국인 투자의 장애 가능성

카지노를 부대시설로 가지는 복합리조트의 실패 원인이, 사업자가 검토할 법령이 너무 많아서인 것은 아닐 것이다. 그러나 결과적으로 인스파이어 등을 제외한 많은 사업자들이 우리나라 투자를 포기하는 데 있어 과도하게 많은 법령은 결국 규제로 느껴질 수밖에 없다. 복합리조트의 기본은 고급 숙박시설로, 관광숙박업으로 등록 시 등록제로서 시도지사에게 등록을 하여야 한다.[20] 이때 「관광진흥법 시행령」 제5조의 등록기준에 도달하여야 하며[21] 시설의 유형·규모·입지에 따라 「건축법」, 「식품위생법」, 「소방시설법」, 「화재의 예방 및 안전관리에 관한 법률」 등 다른 법령도 함께 적용된다. 즉, 숙박시설은 다중이용업소 또는 특정소방대상물에 해당하므로 화재감지기, 스프링클러 등 소방설비 설치 필수이며 완공 후 소방검사를 받아야 사용 승인된다. 그 밖에도 「장애인·노인·임산부 등의 편의증진 보장에 관한 법률」에 따라 장애인용 객실과 출입구, 경사로 등 설치 의무 규정을 준수하여야 하고 「산업안전보건법」상 객실 청소직 등 근로자 안전보건관리 규정 등의 적용은 모두 강행규정이다.

---

20 「관광진흥법」 제4조(등록) ① 제3조제1항제1호부터 제4호까지의 규정에 따른 여행업, 관광숙박업, 관광객 이용시설업 및 국제회의업을 경영하려는 자는 특별자치시장·특별자치도지사·시장·군수·구청장(자치구의 구청장을 말한다. 이하 같다)에게 등록하여야 한다.

21 일반 숙박업소(비관광)는 「관광진흥법」이 아닌, 공중위생영업(숙박업)으로 분류되어 보건복지부 소관으로 모텔, 여관, 게스트하우스, 고시원 등 관광목적이 아닌 단순 숙박 제공 업소는 「공중위생관리법」의 적용을 받는다.

다음으로 복합리조트에 있어서 빠질 수 없는 쇼핑몰과 식음료시설 등에도 다양한 법령이 들어간다. 건축, 위생, 영업, 안전 등 다양한 법령에 따라 규제되는데 「건축법」상 '판매시설' 또는 '근린생활시설'(대형이면 안 됨)로 분류되어 건축허가와 신고, 사용승인이 필수이다. 특히 주차장 설치 기준, 채광, 일조권 등 물리적 조건이 적용되며 대형 복합몰은 반드시 도시계획시설(판매시설) 지정과 관련 허가 절차가 필요하다. 만일 대형유통시설(연면적 3,000㎡ 이상)에 해당되는 쇼핑몰, 아울렛, 복합쇼핑몰 등이 되게 되면 대규모점포로 간주되어 「유통산업발전법」 시도지사에게 등록도 필요하다.[22] 「소방시설법」, 「화재의 예방 및 안전관리에 관한 법률」, 「장애인·노인·임산부 등의 편의증진 보장에 관한 법률」 외에 식음료를 취급하는 형태가 식당, 카페, 푸드코트, 키오스크 등 모든 조리·판매 업소에 해당하면 「식품위생법」의 적용을 받는다. 특히 「식품위생법 시행령」 제21조에 따르면 휴게음식점, 일반음식점, 단란주점, 유흥주점, 위탁급식, 제과점영

---

22 대형마트는 연면적 3,000㎡ 이상으로 식품·비식품 등을 종합적으로 판매하는 점포를 말하며, 쇼핑센터는 연면적 3,000㎡ 이상 여러 개 점포를 모아놓은 집합형 점포군이다. 백화점은 고급 브랜드 중심의 대규모 점포로 연면적 3,000㎡ 이상이 되어야 하며 복합쇼핑몰은 판매시설과 문화·오락·외식 등 복합기능 포함되어 연면적 3,000㎡ 이상이 되는 경우를 의미한다.

업 등으로 분류되는데[23] 휴게음식점, 일반음식점 제과점영업은 신고를,[24] 단란주점, 유흥주점, 위탁급식은 허가를 받아야 한다.[25] 카페, 음식점이 입점한 건물은 '근린생활시설' 또는 '판매시설'로 허가받아야 하며 용도 불일치 시, 건축물 용도변경 허가가 필요하다. 또한 「청소년 보호법」, 「주세법」, 「저작권법」 등 기타 법률에 따라 주류판매 신고, 오후 10시 이후 만 19세 미만 출입 제한, 음악을 틀 경우 음악저작권료 징수 기준 적용 등이 요구된다. 그리하여 복합리조트를 개발, 운영하고자 하는 사업자가 검토하여야 하는 법령은 상당히 많은 것이 사실이다.

---

23 가. 휴게음식점영업: 주로 다류(茶類), 아이스크림류 등을 조리·판매하거나 패스트푸드점, 분식점 형태의 영업 등 음식류를 조리·판매하는 영업으로 음주행위가 허용되지 아니하는 영업. 다만, 편의점, 슈퍼마켓, 휴게소, 그 밖에 음식류를 판매하는 장소(만화가게 및 「게임산업진흥에 관한 법률」 제2조제7호에 따른 인터넷 컴퓨터게임시설제공업을 하는 영업소 등 음식류를 부수적으로 판매하는 장소를 포함한다)에서 컵라면, 일회용 다류 또는 그 밖의 음식류에 물을 부어 주는 경우는 제외한다. 나. 일반음식점영업: 음식류를 조리·판매하는 영업으로 식사와 함께 부수적으로 음주행위가 허용되는 영업. 다. 단란주점영업: 주로 주류를 조리·판매하는 영업으로 손님이 노래를 부르는 행위가 허용되는 영업. 라. 유흥주점영업: 주로 주류를 조리·판매하는 영업으로 유흥종사자를 두거나 유흥시설을 설치할 수 있고 손님이 노래를 부르거나 춤을 추는 행위가 허용되는 영업. 마. 위탁급식영업: 집단급식소를 설치·운영하는 자와의 계약에 따라 그 집단급식소에서 음식류를 조리하여 제공하는 영업. 바. 제과점영업: 주로 빵, 떡, 과자 등을 제조·판매하는 영업으로 음주행위가 허용되지 아니하는 영업으로 분류하여 각각 신고와 허가의 내용이 다르다.

24 「식품위생법 시행령」 제25조8. 제21조제8호가목의 휴게음식점영업, 같은 호 나목의 일반음식점영업, 같은 호 마목의 위탁급식영업 및 같은 호 바목의 제과점영업

25 「식품위생법 시행령」 제21조제8호다목의 단란주점영업과 같은 호 라목의 유흥주점영업: 특별자치시장·특별자치도지사 또는 시장·군수·구청장

6. 글로벌 규범으로서 복합리조트법의 필요성

복합리조트형 카지노업은 상당한 투자금액이 요구되기 때문에 외환 유치와 관광 진흥이라는 사회적 정당성뿐만 아니라 국가 간의 무한 유치 경쟁이 촉발되는 분야이다. 그런데 우리나라는 싱가포르, 일본과 달리 복합리조트 관련 법령이 법적 근거도 없을뿐더러 숙박업 부대시설 개념에 카지노를 끼워 넣어 오다 보니 글로벌 규범으로서 복합리조트 법제가 필요하다.

[표5] 복합리조트에서 카지노의 위치

구분	한국	싱가포르	일본
법적 근거	「관광진흥법」(숙박업 부대시설)	「Casino Control Act」(특별법)	「IR 정비법」
카지노 지위	숙박시설에 부수적 부대시설	IR의 핵심 구성요소	IR의 핵심 구성요소
내국인 출입	강원랜드만 허용	허용 (입장료·제한 규제)	허용(횟수 제한·신분 확인)
정책 성격	규제 위주, 폐광지역 지원 목적	국가 관광전략, 글로벌 허브 육성	지방 상생, 관광산업 활성화

싱가포르·일본은 우리나라처럼 '숙박업 부대시설' 개념에 카지노를 끼워 넣지 않았다. 두 나라 모두 별도의 특별법을 만들어 카지노를 전제로 한 복합리조트(IR: Integrated Resort)를 규율해 왔다. 우리나라는 카지노에 대해 「관광진흥법」 제3조, 제21조의2 등에서 "숙박

업 부대시설"로 규정하여 호텔·리조트 내에 부수적으로 설치할 수 있는 영업시설 중 하나로 그 결과, 산업정책적 차원의 독립적 제도화가 아니라 '부대시설'로서 제한적 관리하여 왔다. 그리하여 문체부의 공고·고시를 통해 사업자를 선정하여 법적 안정성과 일관성이 부족하다.[26]

싱가포르는 「카지노 통제법(Casino Control Act 2006)」, 이후 「복합리조트 발전 프레임워크(Integrated Resort Development Framework)」 정책을 통해 카지노는 단순한 호텔 부속시설이 아니라, 정부가 지정한 복합리조트의 핵심 구성요소로서 허가 절차, 입장 규제(내국인 입장료, 사회적 보호 장치), 자금세탁방지의무 등을 법률 차원에서 직접 규율해 왔으며 이 법에 따라 독립적 산업·관광정책 수단으로 기능해 왔다. 일본 역시 「복합리조트 추진법」(2016), 「복합리조트 실현법」(2018). 두 법에 따라 카지노는 '복합리조트의 일부 시설'로 명시하고 호텔·컨벤션·쇼핑·엔터테인먼트와 동등한 주요 구성요소로 하여 운영 면적 상한(전체 면적의 3% 이내) 등 엄격한 규정을 법률에서 직접 설정하였으며 내국인 입장 제한(주 3회, 월 10회 한도)과 같은 사회적 규율도 법률로 관리하고 있다.

우리나라 카지노산업은 「관광진흥법」 체계하에서 17개 카지노가

---

[26] https://www.mcst.go.kr/kor/s_notice/press/pressView.jsp?pSec=14990, "'복합리조트 개발 사업계획 공모' 심사결과 발표", 인천 영종도 IBC-Ⅱ 지역, '㈜Inspire Integrated Resort' 선정, 세계적인 명품리조트 조성을 목표로 '19년까지 약 1조 5천억 원 투입, 2016. 2. 26. 자 문화체육관광부 보도자료

운영되고 있는데[27] 그중 강원랜드를 제외한 전부가 외국인 전용으로 한정되어 있다.[28] 이러한 구조는 카지노를 '사행산업'의 한 갈래로 협소하게 인식하게 만들었고, 사회 전반에서 카지노산업은 도박중독·범죄·탈세 등 부정적 이미지와 동일시되고 있다. 그러나 세계 주요국들은 카지노를 복합리조트의 핵심 시설로 위치시키고 관광·문화·엔터테인먼트 산업과 결합하여 국가 경제 성장과 지역 발전의 전략적 자원으로 활용하고 있다. 이에 따라 우리나라에서도 카지노산업에 대한 단편적이고 부정적인 인식을 개선할 필요성이 제기된다. 우리나라 카지노산업은 오랫동안 사행산업이라는 부정적 인식에 가려져 국가전략산업으로서의 발전 가능성을 충분히 발휘하지 못했다. 그러나 글로벌 관광산업 환경에서 카지노는 이미 복합리조트의 핵심 인프라로 자리매김하고 있으며, 싱가포르·일본 등 우리나라와 같이 복합리조트와 같은 비카지노 투자를 포함하는 입법 사례는 분명한 특별입법이 필요하다는 시사점을 제공한다. 따라서 우리나라도 글로벌 규범에 맞게 카지노산업을 '규제 대상'에서 '전략 자산'으로 전환하기

---

27 ① 워커힐 카지노(파라다이스 워커힐) ② 세븐럭 강남 COEX 카지노, ③ 메이필드호텔 카지노, 마제스타 카지노(제주 신라호텔) ④ 세븐럭 밀레니엄 힐튼 카지노, ⑤ 파라다이스 카지노 63, ⑥ 파라다이스 카지노 부산, ⑦ 파라다이스 카지노 인천(송도), ⑧ 세븐럭 부산 롯데호텔 카지노, ⑨ 파라다이스 카지노 제주 그랜드, ⑩ 메가럭스 카지노, ⑪ 제주 신화월드(람정엔터테인먼트코리아 운영, 홍콩 게이밍기업 계열), ⑫ 제주 드림타워 복합리조트 내(롯데관광개발 운영), 메리어트 ⑬ 제주 카지노(현: 랜딩카지노 이전 전, 일부 통합), ⑭ 호텔현대 경주 카지노, ⑮ 라마다프라자 제주 카지노, ⑯ 플라자호텔 카지노, ⑰ 강원랜드 카지노(강원 정선, 강원랜드㈜ 운영)이다.
28 사업장은 17개이지만, 실제 운영사는 크게 파라다이스 그룹(Paradise), GKL(세븐럭, 한국관광공사 계열), 강원랜드, 람정엔터테인먼트(홍콩계), 롯데관광개발 정도이다.

위해 사회적 인식 개선이 선행되어「관광진흥법」이 아닌 단일법체계의 복합리조트 관할을 위한 법적·제도적 장치를 통한 안전망을 전제로 하는 산업정책의 재위치가 요구된다.

제2장

우리나라 카지노업의 규제 현황

1. 개요

우리나라 카지노업은 독립된 단행법이 아닌, 여러 법률에 걸쳐 분산적으로 규율되고 있으며, 각 법률은 국가의 관광산업 진흥, 지역경제 개발, 외국인 투자 유치, 사회적 규제라는 상이한 정책 목표를 반영하고 있다.

우선, 「관광진흥법」은 카지노업을 기본적으로 규정하는 모법이다. 이 법 제3조는 카지노업을 관광사업의 하나로 규정하고 있으며, 제22조에서는 카지노업을 영위하려는 자는 문화체육관광부 장관의 허가를 받아야 함을 명시한다. 시행령·시행규칙에서는 허가 요건, 시설 기준, 운영 규제, 제재 조치를 구체적으로 정하고 있어 카지노업의 법적 근간을 형성한다.

다음으로, 「폐광지역 개발 지원에 관한 특별법」은 강원도 정선 지역의 경제 회생을 위해 제정된 특별법으로, 내국인이 출입할 수 있는 유일한 카지노인 강원랜드의 설치·운영 근거를 마련한다. 이 특별법은 카지노업의 내국인 출입을 제한하는 일반 원칙의 예외를 허용함으로써, 지역 개발이라는 특수한 공익 목적을 달성하려는 성격을 가진다.

또한, 「경제자유구역의 지정 및 운영에 관한 특별법」(경제자유구역법)은 외국인 투자와 국제 비즈니스 허브 조성을 목표로 하는 법률로, 복합리조트 개발 사업에 있어 중요한 역할을 한다. 경제자유구역 내에서는 관광·문화·레저 시설이 직접적으로 개발될 수 있으며, 외국인 전용 카지노의 설치가 가능하다. 인천 영종도의 파라다이스시티와 인스파이어 리조트 등이 이러한 법적 근거 위에서 문화체육관광부의 허가를 받아 운영되고 있다.

더 나아가, 「제주특별법」은 카지노업 규제에서 매우 중요한 특례를 포함한다. 제주특별자치도는 국제자유도시로 지정되어 있어, 카지노업에 관한 권한이 상당 부분 제주도지사에게 위임되어 있다. 「제주특별법」 제365조는 「관광진흥법」상 카지노업의 허가·관리 권한을 제주특별자치도지사가 행사할 수 있도록 규정하고 있으며, 제주도의 조례로 카지노업 관련 세부 규율을 마련할 수 있도록 특례를 부여한다. 이를 통해 제주도 내 카지노는 중앙정부가 아닌 지방정부의 관리·감독을 받으며, 현재 제주에는 여러 외국인 전용 카지노가 운영되고 있다. 이는 우리나라 카지노업 규제 체계에서 지방자치 단위의 자율성을 가장 넓게 인정한 사례로 평가된다.

한편, 카지노업은 「사행행위 등 규제 및 처벌 특례법」의 적용을 받아, 합법적으로 허가된 경우를 제외한 모든 사행행위는 불법으로 규정된다. 또한, 「특정 금융거래정보의 보고 및 이용 등에 관한 법률」(특금법)에 따른 자금세탁방지의무, 「외국환거래법」에 따른 외화 관리 의무도 동시에 부담한다. 이러한 금융 규제는 카지노업의 투명성과 국제 기준 부합성을 확보하는 장치이다. 결국, 우리나라 카지노업 법령 체계는 「관광진흥법」을 중심으로, 「폐광지역법」·「경제자유구역법」·「제주특별법」이라는 특례 법률, 그리고 일반 규제 법령이 함께 작동하는 다층적 구조를 이룬다. 「관광진흥법」이 카지노업의 기본

틀을 제공한다면, 「폐광지역법」은 내국인 출입 카지노라는 특례를, 「경제자유구역법」은 복합리조트와 연계된 외국인 전용 카지노 개발을, 「제주특별법」은 지방정부 차원의 허가·관리 특례를 각각 규정한다. 이와 같은 다층적 규율 구조는 카지노업을 단순한 오락산업으로 보지 않고, 관광산업 진흥·지역경제 개발·외국인 투자 유치·사회적 부작용 규제라는 다양한 정책 목표를 동시에 달성하려는 국가적 전략을 반영한다.

[표6] 카지노업 관련 법령 비교표

법령	규율범위	내용	주무부처
「관광진흥법」	카지노업을 포함한 관광사업 전반 규율	- 카지노업은 관광사업의 하나로 규정(제3조) - 문화체육관광부 장관의 허가 필요(제22조) - 허가 요건·시설 기준·운영 규정·제재 명시	문화체육관광부
「폐광지역 개발 지원에 관한 특별법」	강원도 정선 지역 경제 회생 목적	- 강원랜드 카지노 설치·운영 허용 - 내국인 출입 가능한 유일한 카지노 근거	산업통상자원부 (총괄) 문화체육관광부 (허가·감독)
「경제자유 구역법」	경제자유구역 내 투자·개발	- 복합리조트 개발 사업 지원 - 외국인 전용 카지노 설치 가능 - 외자 유치 및 관광·레저시설 집적 허용	산업통상자원부 (경제자유구역청) 문화체육관광부 (허가·감독)

「제주특별법」	제주특별자치도 국제자유도시 조성	- 카지노업 허가·관리 권한을 제주도지사에게 위임 (제365조) - 제주도 조례로 세부 규율 가능 - 외국인 전용 카지노 다수 운영 중	제주특별자치도지사
「사행행위 등 규제 및 처벌 특례법」	사행행위 일반 규율	- 합법적 허가 외 사행행위는 불법 - 불법 도박 규제 및 처벌	사행산업통합감독위원회, 경찰청, 사법당국
「특정금융정보법」(특금법) 「외국환거래법」 등	금융·외환 관련 규제	- 자금세탁방지의무 - 외화 반출입 관리	금융정보분석원 (FIU) 기획재정부

2. 카지노업의 허가

(1) 의의

「관광진흥법」 제21조는 카지노업의 설치와 운영을 위한 허가 요건과 절차를 규정한 조항이다. 카지노업은 국민의 사행심 조장, 사회적 부작용, 외화 유출 등 여러 위험 요소를 내포하고 있기 때문에, 단순한 신고나 등록이 아니라 엄격한 사전적 행정행위인 허가를 통해서만 영업이 가능하다. 이 조항은 카지노업이 일반 영업활동과 달리 국가의 엄격한 관리감독하에서 제한적으로 허용되는 특허적 성격의 영업 허가제임을 보여준다. 동시에, 관광산업 진흥과 외화 획득이라는 긍정적 측면을 제도적으로 뒷받침하는 법적 근거이기도 하다.

(2) 법적 성질

1) 사전적 규제장치
카지노업 허가는 영업 개시 전에 반드시 받아야 하는 인허가로, 공익적 필요에 의해 제한되는 사전 규제행정의 전형적 사례이다.

2) 특허적 허가
일반적 자유영역에서 금지된 사행행위를 특정 장소·조건에서 영업으로 할 수 있도록 국가가 특별히 부여하는 것으로, 행정법상 '특허'

에 가까운 법적 성격을 가진다. 따라서 허가는 단순한 요건 구비 확인을 넘어, 국가의 정책적·재량적 판단이 개입되는 성격을 지닌다.

3) 재량행위

법은 일정한 시설 요건과 입지 요건을 규정하고 있으나, 문화체육관광부장관이 공공의 안녕과 질서유지, 건전한 발전을 위하여 필요하다고 인정하면 허가를 제한할 수 있도록 규정하고 있다(제21조제2항). 이는 허가권자에게 폭넓은 행정재량권이 부여된다는 점을 의미한다.

(3) 내용

「관광진흥법」제21조는 크게 허가 요건과 허가 제한 사유로 구성되어 있다.

1) 허가 요건(제1항)

입지 요건은 국제공항이나 국제여객선터미널이 있는 특별시·광역시·특별자치시·도·특별자치도에 소재한 시설이거나 관광특구에 소재한 관광숙박업(최상 등급 호텔 등) 또는 국제회의업 시설의 부대시설, 우리나라와 외국을 왕래하는 여객선 내 시설이어야 한다.

시설 요건은 관광숙박업 중 최상위 등급(예: 특1급 호텔) 브대시설이어야 하며 해당 시·도에 최상 등급 호텔이 없을 경우 차상위 등급까지 인정되고 대통령령이 정하는 기타 기준 충족 필요하다.

2) 허가 제한(제2항)

문화체육관광부장관은 공공의 안녕, 질서 유지, 카지노업의 건전한 발전을 위하여 필요하다고 인정하는 경우 허가를 제한할 수 있는데 이는 입법자가 허가권자에게 사회적 파급효과를 고려한 광범위한 정책적 판단 권한을 위임한 것으로 해석된다.

(4) 평가

「관광진흥법」 제21조는 카지노업을 관광산업의 일환으로 제도적으로 포섭하면서도, 사행성 산업에 대한 사회적 우려와 공공질서 유지를 고려해 엄격히 제한하는 균형적 규정이다. 입지와 시설 요건을 통해 무분별한 난립을 방지하고, 장관의 재량권을 통해 사회적 필요에 따른 정책적 통제를 가능하게 한다는 점에서 의미가 크다. 그러나 지나치게 포괄적인 재량 규정은 법적 안정성과 예측가능성을 저해할 수 있다는 비판도 제기될 수 있다.

「관광진흥법」

제21조(허가 요건 등) ①문화체육관광부장관은 제5조제1항에 따른 카지노업(이하 "카지노업"이라 한다)의 허가신청을 받으면 다음 각 호의 어느 하나에 해당하는 경우에만 허가할 수 있다.
1. 국제공항이나 국제여객선터미널이 있는 특별시·광역시·특별자치시·도·특별자치도(이하 "시·도"라 한다)에 있거나 관광특구에 있는 관광숙박업 중 호텔업 시설(관광숙박업의 등급 중 최상 등급을 받은 시설만 해당하며, 시·도에 최상 등급의 시설이 없는 경우에는 그 다음 등급의 시설만 해당한다) 또는 대통령령으로 정하는 국제회의업 시설의 부대시설에서 카지노업을 하려는 경우로서 대통령령으로 정하는 요건에 맞는 경우
2. 우리나라와 외국을 왕래하는 여객선에서 카지노업을 하려는 경우로서 대통령령으로 정하는 요건에 맞는 경우
② 문화체육관광부장관이 공공의 안녕, 질서유지 또는 카지노업의 건전한 발전을 위하여 필요하다고 인정하면 대통령령으로 정하는 바에 따라 제1항에 따른 허가를 제한할 수 있다.

제21조의2(허가의 공고 등) ① 문화체육관광부장관은 카지노업의 신규허가를 하려면 미리 다음 각 호의 사항을 정하여 공고하여야 한다.
1. 허가 대상지역
2. 허가 가능업체 수

3. 허가절차 및 허가방법
4. 세부 허가기준
5. 카지노업의 건전한 운영과 관광산업의 진흥을 위하여 문화체육관광부장관이 정하는 사항
② 문화체육관광부장관은 제1항에 따른 공고를 실시한 결과 적합한 자가 없을 경우에는 카지노업의 신규허가를 하지 아니할 수 있다.

제22조(결격사유) ① 다음 각 호의 어느 하나에 해당하는 자는 카지노업의 허가를 받을 수 없다.
1. 19세 미만인 자
2. 「폭력행위 등 처벌에 관한 법률」 제4조에 따른 단체 또는 집단을 구성하거나 그 단체 또는 집단에 자금을 제공하여 금고 이상의 형을 선고받고 형이 확정된 자
3. 조세를 포탈(逋脫)하거나 「외국환거래법」을 위반하여 금고 이상의 형을 선고받고 형이 확정된 자
4. 금고 이상의 실형을 선고받고 그 집행이 끝나거나(집행이 끝난 것으로 보는 경우를 포함한다) 집행을 받지 아니하기로 확정된 후 2년이 지나지 아니한 자
5. 금고 이상의 형의 집행유예를 선고받고 그 유예기간 중에 있는 자
6. 금고 이상의 형의 선고유예를 받고 그 유예기간 중에 있는 자
7. 임원 중에 제1호부터 제6호까지의 규정 중 어느 하나에 해당하는 자가 있는 법인

② 문화체육관광부장관은 카지노업의 허가를 받은 자(이하 "카지노사업자"라 한다)가 제1항 각 호의 어느 하나에 해당하면 그 허가를 취소하여야 한다. 다만, 법인의 임원 중 그 사유에 해당하는 자가 있는 경우 3개월 이내에 그 임원을 바꾸어 임명한 때에는 그러하지 아니하다.

제24조(조건부 영업허가) ① 문화체육관광부장관은 카지노업을 허가할 때 1년의 범위에서 대통령령으로 정하는 기간에 제23조제1항에 따른 시설 및 기구를 갖출 것을 조건으로 허가할 수 있다. 다만, 천재지변이나 그 밖의 부득이한 사유가 있다고 인정하는 경우에는 해당 사업자의 신청에 따라 한 차례만 6개월을 넘지 아니하는 범위에서 그 기간을 연장할 수 있다.
② 문화체육관광부장관은 제1항에 따른 허가를 받은 자가 정당한 사유 없이 제1항에 따른 기간에 허가 조건을 이행하지 아니하면 그 허가를 즉시 취소하여야 한다.
③ 제1항에 따른 허가를 받은 자는 제1항에 따른 기간 내에 허가 조건에 해당하는 필요한 시설 및 기구를 갖춘 경우 그 내용을 문화체육관광부장관에게 신고하여야 한다.
④ 문화체육관광부장관은 제3항에 따른 신고를 받은 경우 그 내용을 검토하여 이 법에 적합하면 신고를 수리하여야 한다.

「관광진흥법 시행령」

제27조(카지노업의 허가요건 등) ① 법 제21조제1항제1호에서 "대통령령으로 정하는 국제회의업 시설"이란 제2조제1항제4호가목의 국제회의시설업의 시설을 말한다.
② 법 제21조제1항에 따른 카지노업의 허가요건은 다음 각 호와 같다.
1. 관광호텔업이나 국제회의시설업의 부대시설에서 카지노업을 하려는 경우
가. 삭제 〈2015. 8. 4.〉
나. 외래관광객 유치계획 및 장기수지전망 등을 포함한 사업계획서가 적정할 것
다. 나목에 규정된 사업계획의 수행에 필요한 재정능력이 있을 것
라. 현금 및 칩의 관리 등 영업거래에 관한 내부통제방안이 수립되어 있을 것
마. 그 밖에 카지노업의 건전한 운영과 관광산업의 진흥을 위하여 문화체육관광부장관이 공고하는 기준에 맞을 것
2. 우리나라와 외국 간을 왕래하는 여객선에서 카지노업을 하려는 경우
가. 여객선이 2만톤급 이상으로 문화체육관광부장관이 공고하는 총톤수 이상일 것
나. 삭제 〈2012. 11. 20.〉
다. 제1호나목부터 마목까지의 규정에 적합할 것

③ 문화체육관광부장관은 법 제21조제2항에 따라 최근 신규허가를 한 날 이후에 전국 단위의 외래관광객이 60만 명 이상 증가한 경우에만 신규허가를 할 수 있되, 다음 각 호의 사항을 고려하여 그 증가인원 60만 명당 2개 사업 이하의 범위에서 할 수 있다.
1. 전국 단위의 외래관광객 증가 추세 및 지역의 외래관광객 증가 추세
2. 카지노이용객의 증가 추세
3. 기존 카지노사업자의 총 수용능력
4. 기존 카지노사업자의 총 외화획득실적
5. 그 밖에 카지노업의 건전한 운영과 관광산업의 진흥을 위하여 필요한 사항

■ **입지요건과 관련한 법률**
(1) 폐광지역 개발 지원에 관한 특별법
(2) 제주특별자치도 설치 및 국제자유도시 조성을 위한 특별법
(3) 경제자유구역의 지정 및 운영에 관한 특별법

3. 카지노업의 운영, 관리

(1) 시설조건

　카지노업은 「관광진흥법」 제21조와 동법 시행령에서 정한 엄격한 시설 요건을 충족해야 한다. 우선 카지노는 국제공항·국제여객선터미널이 있는 특별시·광역시·특별자치시·도·특별자치도에 소재한 최상 등급의 관광호텔 또는 국제회의업 시설의 부대시설에 한하여 설치가 가능하다. 시설 내부는 문화체육관광부령으로 정한 면적, 게임장 구획, 출입구 관리, CCTV 설치, 비상대책 설비 등 안전과 질서 유지에 필요한 기준을 충족해야 한다. 이러한 규제는 카지노의 무분별한 난립을 방지하고, 관광 인프라와 연계된 운영을 보장하기 위한 장치이다.

「관광진흥법 시행규칙」

제29조(카지노업의 시설기준 등) ① 법 제23조제1항에 따라 카지노업의 허가를 받으려는 자가 갖추어야 할 시설 및 기구의 기준은 다음 각 호와 같다.
1. 330제곱미터 이상의 전용 영업장
2. 1개 이상의 외국환 환전소
3. 제35조제1항에 따른 카지노업의 영업종류 중 네 종류 이상의 영업을 할 수 있는 게임기구 및 시설
4. 문화체육관광부장관이 정하여 고시하는 기준[29]에 적합한 카지노 전산시설
② 제1항제4호에 따른 기준에는 다음 각 호의 사항이 포함되어야 한다.
1. 하드웨어의 성능 및 설치방법에 관한 사항
2. 네트워크의 구성에 관한 사항
3. 시스템의 가동 및 장애방지에 관한 사항
4. 시스템의 보안관리에 관한 사항
5. 환전관리 및 현금과 칩의 출납관리를 위한 소프트웨어에 관한 사항

---

29 카지노 전산시설 기준 [문화체육관광부고시 제2025-19호, 2025. 3. 10., 일부개정]

(2) 기구의 운영

　카지노업자는 문화체육관광부 장관의 감독을 받으며, 영업 방식·게임 종류·운영 시간은 법령과 허가 조건에 따라 제한된다. 불법 환전, 대부행위, 외국인 전용 규정 위반 등은 허가 취소 사유가 된다. 카지노업체는 영업의 투명성과 공정성을 확보하기 위하여 회계 관리 및 매출 보고의무를 지며, 감독기관은 이를 정기적으로 점검할 권한을 가진다. 또한 사행행위 규제법과 자금세탁방지 관련 규정을 준수해야 하며, 위반 시 과징금 부과나 영업정지 처분을 받을 수 있다. 이처럼 카지노의 운영 기구는 관광산업 진흥이라는 목적과 함께 건전한 사행문화 확립이라는 공익적 규제를 병행하는 구조를 취하고 있다.

「관광진흥법」

제25조(카지노기구의 규격 및 기준 등) ① 문화체육관광부장관은 카지노업에 이용되는 기구(이하 "카지노기구"라 한다)의 형상·구조·재질 및 성능 등에 관한 규격 및 기준(이하 "공인기준등"이라 한다)을 정하여야 한다.
② 문화체육관광부장관은 문화체육관광부령으로 정하는 바에 따라 문화체육관광부장관이 지정하는 검사기관의 검정을 받은 카지노기구의 규격 및 기준을 공인기준등으로 인정할 수 있다.

③ 카지노사업자가 카지노기구를 영업장소(그 부대시설 등을 포함한다)에 반입·사용하는 경우에는 문화체육관광부령으로 정하는 바에 따라 그 카지노기구가 공인기준등에 맞는지에 관하여 문화체육관광부장관의 검사를 받아야 한다.
④ 제3항에 따른 검사에 합격된 카지노기구에는 문화체육관광부령으로 정하는 바에 따라 검사에 합격하였음을 증명하는 증명서(이하 "검사합격증명서"라 한다)를 붙이거나 표시하여야 한다.

「**관광진흥법 시행규칙**」

제33조의2(카지노기구검사기관의 지정 신청 등) ① 법 제25조제2항에 따라 카지노기구검사기관으로 지정받으려는 자는 별표 7의2의 요건을 갖추어야 한다.
② 법 제25조제2항에 따라 카지노기구검사기관으로 지정을 받으려는 자는 별지 제31호의2서식의 카지노기구검사기관 지정신청서에 다음 각 호의 서류를 첨부하여 문화체육관광부장관에게 제출해야 한다.
1. 법인의 정관
2. 카지노기구 검사업무를 수행하기 위한 인력 및 장비 등이 포함된 사업계획서
3. 삭제 〈2024. 11. 25.〉
4. 별표 7의2에 따른 지정 요건을 갖추었음을 증명하는 서류

③ 문화체육관광부장관은 제2항에 따른 지정신청서를 받은 경우에는 「전자정부법」 제36조제1항에 따른 행정정보의 공동이용을 통해 법인 등기사항증명서를 확인해야 한다.
④ 삭제 〈2024. 11. 25.〉
⑤ 문화체육관광부장관은 제1항 및 별표 7의2에 따른 요건에 적합하여 카지노기구검사기관을 지정한 경우에는 별지 제31호의3 서식의 카지노기구검사기관 지정서를 발급하고, 그 사실을 문화체육관광부의 인터넷 홈페이지에 공고해야 한다.

[표7] 카지노기구검사기관의 지정 요건
(제33조의2제1항 관련)[30]

구분	지정 요건
1. 인력	다음 각 목의 자격기준에 해당하는 사람 중 8명 이상을 채용하되, 기계 분야의 자격을 가진 사람 2명, 전기 분야의 자격을 가진 사람 2명, 전자 분야의 자격을 가진 사람 2명 및 정보기술 분야의 자격을 가진 사람 2명을 포함해야 한다. 가. 「국가기술자격법」에 따른 기계·전기·전자 또는 정보기술 분야의 기술사 자격을 취득한 사람 나. 「국가기술자격법」에 따른 기계·전기·전자 또는 정보기술 분야의 기사 이상의 자격을 취득한 후 해당 분야의 실무경력이 3년 이상인 사람 다. 기계·전기·전자 또는 정보기술 분야의 석사 이상의 학위를 취득한 후 해당 분야의 실무경력이 3년 이상인 사람 라. 「국가기술자격법」에 따른 기계·전기·전자 또는 정보기술 분야의 산업기사 이상의 자격을 취득한 후 해당 분야의 실무경력이 5년 이상인 사람

---

30 「관광진흥법 시행규칙」 [별표 7의2]

1. 인력	마. 「고등교육법」에 따른 대학에서 기계·전기·전자 또는 정보기술 관련 분야 전공으로 학사학위를 취득(이와 같은 수준 이상의 학력이 인정되는 경우를 포함한다)한 후 해당 분야의 실무경력이 5년 이상인 사람 바. 「고등교육법」에 따른 전문대학에서 기계·전기·전자 또는 정보기술 관련 분야 전공으로 전문학사학위를 취득(이와 같은 수준 이상의 학력이 인정되는 경우를 포함한다)한 후 해당 분야의 실무경력이 7년 이상인 사람 사. 가목부터 바목까지의 규정에 해당하는 사람과 같은 수준 이상의 자격이 있다고 문화체육관광부장관이 정하여 고시하는 사람
2. 장비	다음 각 목의 검사를 위한 장비를 보유해야 한다. 가. 검사기기: 소비전력계, 절연저항계(일정 전압을 흘려보내 절연 부위의 저항을 측정하는 장비), 내전압시험기, 스펙트럼분석기(기구 작동 시 발생하는 전자파의 양을 측정하는 장비), 전압조정장치 나. 컴퓨터프로그램: 카지노기구 소프트웨어 분석 프로그램
3. 그 밖의 요건	다음 각 목의 요건을 갖추어야 한다. 가. 「민법」 제32조에 따라 설립된 비영리법인일 것 나. 사무실을 보유(임차하거나 공동사용하는 경우를 포함한다)하고 2명 이상의 상시 근무하는 관리직원을 둘 것 다. 검사신청 및 절차, 검사조직 운영, 카지노기구별 검사기준 및 방법 등이 포함된 카지노기구 검사를 위한 업무규정을 마련하고 있을 것

(3) 카지노 영업장 관리

「관광진흥법」과 시행령은 카지노업 종사자의 자격과 교육에 관한 규정을 두고 있다. 카지노 딜러와 관리자 등은 반드시 허가받은 카지노업체에 소속되어야 하며, 채용 시 신원조회, 범죄경력 확인 등 엄격한 절차를 거쳐야 한다. 특히 외국인 근로자 고용의 경우에도 관련 법령을 준수해야 한다. 종사자들은 정기적인 직무교육과 윤리교육을 통해 불법행위 방지, 고객 응대, 책임 있는 영업문화 확립에 기여하도록 요구된다. 이러한 인력 관리 규정은 카지노업이 단순한 영업 활동이 아닌 고도의 공공성이 수반되는 사업임을 전제로 한다.

> **「관광진흥법」**
>
> 제26조(카지노업의 영업 종류와 영업 방법 등) ① 카지노업의 영업 종류는 문화체육관광부령으로 정한다.
> ② 카지노사업자는 문화체육관광부령으로 정하는 바에 따라 제1항에 따른 카지노업의 영업 종류별 영업 방법 및 배당금 등에 관하여 문화체육관광부장관에게 미리 신고하여야 한다. 신고한 사항을 변경하려는 경우에도 또한 같다.
> ③ 문화체육관광부장관은 제2항에 따른 신고 또는 변경신고를 받은 경우 그 내용을 검토하여 이 법에 적합하면 신고를 수리하여야 한다.
>
> 제26조의2(유사행위 등의 금지) 카지노사업자가 아닌 자는 영리 목적으로 제26조에 따른 카지노업의 영업 종류를 제공하여 이용자 중 특정인에게 재산상의 이익을 주고 다른 이용자에게 손실을 주는 행위를 하여서는 아니 된다.

제27조(지도와 명령) 문화체육관광부장관은 지나친 사행심 유발을 방지하는 등 그 밖에 공익을 위하여 필요하다고 인정하면 카지노사업자에게 필요한 지도와 명령을 할 수 있다.

제28조(카지노사업자 등의 준수 사항) ① 카지노사업자(대통령령으로 정하는 종사원을 포함한다. 이하 이 조에서 같다)는 다음 각 호의 어느 하나에 해당하는 행위를 하여서는 아니 된다.
1. 법령에 위반되는 카지노기구를 설치하거나 사용하는 행위
2. 법령을 위반하여 카지노기구 또는 시설을 변조하거나 변조된 카지노기구 또는 시설을 사용하는 행위
3. 허가받은 전용영업장 외에서 영업을 하는 행위
4. 내국인(「해외이주법」 제2조에 따른 해외이주자는 제외한다)을 입장하게 하는 행위
5. 지나친 사행심을 유발하는 등 선량한 풍속을 해칠 우려가 있는 광고나 선전을 하는 행위
6. 제26조제1항에 따른 영업 종류에 해당하지 아니하는 영업을 하거나 영업 방법 및 배당금 등에 관한 신고를 하지 아니하고 영업하는 행위
7. 총매출액을 누락시켜 제30조제1항에 따른 관광진흥개발기금 납부금액을 감소시키는 행위
8. 19세 미만인 자를 입장시키는 행위
9. 정당한 사유 없이 그 연도 안에 60일 이상 휴업하는 행위

> ② 카지노사업자는 카지노업의 건전한 육성·발전을 위하여 필요하다고 인정하여 문화체육관광부령으로 정하는 영업준칙을 지켜야 한다. 이 경우 그 영업준칙에는 다음 각 호의 사항이 포함되어야 한다.
> 1. 1일 최소 영업시간
> 2. 게임 테이블의 집전함(集錢函) 부착 및 내기금액 한도액의 표시 의무
> 3. 슬롯머신 및 비디오게임의 최소배당률
> 4. 전산시설·환전소·계산실·폐쇄회로의 관리기록 및 회계와 관련된 기록의 유지 의무
> 5. 카지노 종사원의 게임참여 불가 등 행위금지사항
>
> 제29조(카지노영업소 이용자의 준수 사항) 카지노영업소에 입장하는 자는 카지노사업자가 외국인(「해외이주법」 제2조에 따른 해외이주자를 포함한다)임을 확인하기 위하여 신분 확인에 필요한 사항을 묻는 때에는 이에 응하여야 한다.

우리나라에서 카지노업은 단순한 영업활동이 아니라, 사행심 유발을 방지하고 공익을 보호하기 위해 엄격하게 규제되는 관광사업의 하나로서 관리된다. 이에 따라 「관광진흥법」은 카지노 영업장의 운영, 관리, 종사자와 이용자의 준수사항을 세밀하게 규정하고 있다.

먼저, 제26조는 카지노업의 영업 종류와 영업 방법에 관한 기본 원칙을 정하고 있다. 카지노사업자는 문화체육관광부령으로 정한 영

업 종류와 그 운영 방식을 준수해야 하며, 배당금이나 영업 방법에 변동이 있을 경우 반드시 문화체육관광부장관에게 사전 신고를 하여야 한다. 이러한 신고제도는 카지노업이 무분별하게 변형·확대되는 것을 막고, 국가의 감독 범위 안에서 건전하게 운영되도록 하는 장치이다. 아울러, 2024년 신설된 제26조의2는 카지노사업자가 아닌 자가 유사 카지노 행위를 통해 재산상의 이익과 손실을 발생시키는 것을 금지하여, 불법 영업과 변칙적 사행행위를 차단하는 기능을 하고 있다.

다음으로, 제27조는 카지노업의 특수성과 사회적 파급력을 고려하여, 문화체육관광부장관이 필요시 카지노사업자에게 직접적인 지도와 명령을 내릴 수 있는 권한을 규정한다. 이는 지나친 사행심 조장이나 사회질서 저해의 우려가 있을 때 신속히 개입할 수 있도록 한 것으로, 행정청의 감독권을 제도적으로 보장한 조항이다.

제28조는 카지노사업자가 반드시 지켜야 할 금지행위와 준수사항을 구체적으로 나열하고 있다. 불법 카지노 기구 설치·사용, 시설 변조, 전용 영업장 외 영업, 내국인 출입 허용, 미성년자 입장, 허위 매출 기재 등은 모두 금지된다. 또한 과도한 광고와 선전행위도 제한되며, 이는 건전한 풍속과 공공질서를 보호하기 위한 것이다. 더 나아가, 영업준칙 준수 의무가 부과되는데, 여기에는 1일 최소 영업시간, 내기금액 한도액 표시, 슬롯머신 최소배당률, 회계 및 기록 유지, 종사원의 게임참여 금지 등 세부적 기준이 포함된다. 이러한 규정은 카지노 영업의 투명성과 공정성을 보장하고, 이용자와 종사자의 부정행위를 예방하는 역할을 한다.

마지막으로, 제29조는 카지노 영업장 이용자의 준수사항을 규정한다. 이용자는 카지노사업자가 외국인 여부를 확인하기 위해 신분확인을 요구할 경우 이에 협조해야 하며, 이를 통해 내국인 출입이 원칙적으로 금지된 외국인 전용 카지노 제도가 실효성 있게 작동할 수 있도록 하고 있다.

종합하면, 카지노 영업장 관리는 「관광진흥법」 제26조에서 영업 종류와 방식에 대한 사전적 통제, 제27조에서 행정청의 감독·지도 권한, 제28조에서 사업자의 준수사항 및 금지행위, 제29조에서 이용자의 준수의무를 통해 다층적으로 규율되고 있다. 이러한 관리체계는 카지노업이 관광산업으로서 기여하는 긍정적 측면을 살리면서도, 사행산업으로서의 사회적 폐해를 최소화하기 위한 법적 장치로 기능한다. 카지노 영업장은 사업자의 준법·준수의무, 문화체육관광부 장관의 감독권, 이용자의 신분확인 협조 의무라는 3축 관리체계를 통해 운영된다. 이는 카지노업이 관광산업의 일부로 발전하면서도, 사행산업으로서의 폐해를 예방하기 위해 국가가 다층적 규제 장치를 마련한 것임을 보여준다.

[표8] 카지노 관계자의 의무

구분	조문	내용	핵심포인트
행정청의 권한	27조	- 문화체육관광부 장관이 필요 시 사업자에게 지도·명령 가능 - 목적: 지나친 사행심 방지, 공익 보호	행정청의 강력한 감독·개입 권한
사업자 의무	26조, 28조	- 영업 종류·방법·배당금 신고 의무 - 불법 카지노 기구 설치·변조 금지 - 전용 영업장 외 영업 금지 - 내국인·미성년자 출입 금지 - 매출 누락·과도한 광고 금지 - 영업준칙 준수(최소 영업시간, 배당률, 회계·기록 유지, 종사원 게임참여 금지 등)	투명성 확보, 건전영업 유지
이용자 의무	29조	- 출입 시 외국인 신분 확인에 협조 - 내국인 출입 제한 준수	외국인 전용 원칙 실효성 보장

(4) 세금 납부

카지노업자는 일반 기업과 마찬가지로 법인세 납부 의무를 지며, 동시에 「관광진흥법」과 「지방세법」이 정하는 특별부담금을 납부해야 한다. 외국인 전용 카지노는 매출액의 일정 비율을 관광진흥개발기금으로 납부하도록 되어 있으며, 내국인 출입이 허용된 강원랜드의 경우에는 「폐광지역 개발 지원에 관한 특별법」에 따라 별도의 부담금과 기금을 납부한다. 또한 매출 자료는 전산으로 관리되어 국세청 및 문화체육관광부에 보고되며, 이를 통해 세수 확보와 투명한 재정 기여가 가능하도록 제도화되어 있다.

> **「관광진흥법」**
>
> 제30조(기금 납부) ① 카지노사업자는 총매출액의 100분의 10의 범위에서 일정 비율에 해당하는 금액을 「관광진흥개발기금법」에 따른 관광진흥개발기금에 내야 한다.
> ② 카지노사업자가 제1항에 따른 납부금을 납부기한까지 내지 아니하면 문화체육관광부장관은 10일 이상의 기간을 정하여 이를 독촉하여야 한다. 이 경우 체납된 납부금에 대하여는 100분의 3에 해당하는 가산금을 부과하여야 한다.
> ③ 제2항에 따른 독촉을 받은 자가 그 기간에 납부금을 내지 아니하면 국세 체납처분의 예에 따라 징수한다.
> ④ 제1항에 따른 총매출액, 징수비율 및 부과·징수절차 등에 필요한 사항은 대통령령으로 정한다.
>
> 제30조의2(납부금 부과 처분 등에 대한 이의신청 특례) ① 문화체육관광부장관은 제30조제1항에 따른 납부금 또는 같은 조 제2항 후단에 따른 가산금 부과 처분에 대한 이의신청을 받으면 그 신청을 받은 날부터 15일 이내에 이를 심의하여 그 결과를 신청인에게 서면으로 알려야 한다.

② 제1항에서 규정한 사항 외에 이의신청에 관한 사항은 「행정기본법」 제36조(제2항 단서는 제외한다)에 따른다.

「관광진흥법 시행령」

제30조(관광진흥개발기금으로의 납부금 등) ① 법 제30조제1항에 따른 총매출액은 카지노영업과 관련하여 고객으로부터 받은 총금액에서 고객에게 지급한 총금액을 공제한 금액을 말한다.
② 법 제30조제4항에 따른 관광진흥개발기금 납부금(이하 "납부금"이라 한다)의 징수비율은 다음 각 호의 어느 하나와 같다.
1. 연간 총매출액이 10억원 이하인 경우: 총매출액의 100분의 1
2. 연간 총매출액이 10억원 초과 100억원 이하인 경우: 1천만원+총매출액 중 10억원을 초과하는 금액의 100분의 5
3. 연간 총매출액이 100억원을 초과하는 경우: 4억6천만원+총매출액 중 100억원을 초과하는 금액의 100분의 10
③ 카지노사업자는 매년 3월 말까지 공인회계사의 감사보고서가 첨부된 전년도의 재무제표를 문화체육관광부장관에게 제출하여야 한다.
④ 문화체육관광부장관은 매년 4월 30일까지 제2항에 따른 전년도의 총매출액에 대하여 산출한 납부금을 서면으로 명시하여 2개월 이내의 기한을 정하여 한국은행에 개설된 관광진흥개발기금의 출납관리를 위한 계정에 납부할 것을 알려야 한다. 이 경우 그 납부금을 2회 나누어 내게 할 수 있되, 납부기한은 다음 각 호와 같다.

> 1. 제1회: 해당 연도 6월 30일까지
> 2. 제2회: 해당 연도 9월 30일까지
> 3. 삭제 〈2010. 2. 24.〉
> 4. 삭제 〈2010. 2. 24.〉
> ⑤ 카지노사업자는 천재지변이나 그 밖에 이에 준하는 사유로 납부금을 그 기한까지 납부할 수 없는 경우에는 그 사유가 없어진 날부터 7일 이내에 내야 한다.
> ⑥ 카지노사업자는 다음 각 호의 요건을 모두 갖춘 경우 문화체육관광부장관에게 제4항 각 호에 따른 납부기한의 45일 전까지 납부기한의 연기를 신청할 수 있다.
> 1. 「감염병의 예방 및 관리에 관한 법률」 제2조제2호에 따른 제1급감염병 확산으로 인한 매출액 감소가 문화체육관광부장관이 정하여 고시하는 기준에 해당할 것
> 2. 제1호에 따른 매출액 감소로 납부금을 납부하는 데 어려움이 있다고 인정될 것
> ⑦ 문화체육관광부장관은 제6항에 따른 신청을 받은 때에는 제4항에도 불구하고 「관광진흥개발기금법」 제6조에 따른 기금운용위원회의 심의를 거쳐 1년 이내의 범위에서 납부기한을 한 차례 연기할 수 있다.

카지노산업은 관광진흥기금 납부(매출의 최대 10%), 개별소비세(4%), 기타 기부금 등 다양한 부담을 지고 있으며, 최근에는 레저세 도입 논의까지 이어지면서 중복과세 논란이 제기되고 있다. 이러한

다중 과세 구조는 외국인 전용 카지노의 수익성 악화로 이어지고, 외국인 관광객 유치의 핵심 인프라가 위축되는 결과를 초래할 수 있다. 따라서 기금과 조세의 기능을 명확히 구분하고, 관광진흥기금 납부금액에 대해 일정 한도 내에서 개소세나 레저세를 공제하는 방식의 세제 정비가 필요하다. 또한 외국인 전용 카지노와 내국인 대상 사행산업 간의 세율 및 부담의 형평성 확보를 위해 헌법재판소의 국가가 국민의 기본권을 제한하는 입법을 할 경우 준수하여야 대원칙으로 '비례의 원칙'(과잉금지의 원칙)을 검토해 볼 필요가 있다. 즉 과도한 과세를 부과하는 이유인 진입장벽의 보호와 행정 관리비용과 카지노 산업의 순기능에 대한 상계를 통해 실효성을 담보하는[31] 조세 입법이 되어야 하는 것이다.

---

31 임종훈·이정은, 전게서, 155면, 실효성이란 입법의 내용이 현실에서 규범력을 발휘하고 본래 의도한 결과를 실현할 수 있어야 하는 것으로 실효성을 가지려면 입법된 내용이 사회구성원의 준수기대성을 확보하고 법집행상 일반국민들의 지지와 협조를 끌어낼 수 있는 것이어야 한다.

4. 카지노업에 대한 인식 개선의 필요성

(1) 내국인 출입금지 개선의 필요성

　1967년 인천 올림포스 호텔의 외국인 전용 카지노를 시작한 이래 현재 복합리조트의 카지노는 17개가 운영되고 있다. 인천 영종도는 지역경제를 살리기 위하여 「경제자유구역의 지정 및 운영에 관한 특별법」에 근거하여 기존의 복합리조트사업자였던 일본 게임업체 세가사미와 국내 레저기업 파라다이스의 합작사인 파라다이스 세가사미가 2011년 10월, 인천국제공항 인근 2조 원을 투자하여 파라다이스 시티를 개발·운영하고 있으나 정부는 카지노를 포함한 복합리조트를 2개 더 2015년에 심사하고자 하였다. 그리하여 시저스코리아와[32] 인

32　https://agbrief.com/intel/01/07/2021/former-caesars-korea-ir-will-open-2025-at-the-earliest/, 처음에는 2021년 초 개장을 목표로 했으나 이후 2022년까지 완공이 연기되었다. 2021~2022년 중에 Caesars가 전면 철수하고, 지분이 R&F Properties로 매각되면서 공정률은 당시 약 25% 수준에서 멈춰 있었고, 이후 진행이 중단된 상태이다. 현재 Midan City Resort Complex라는 이름에서 골든테라시티로 이름을 바꾸었고, 향후 2025년 이후 준공 및 개장 재개를 목표로 하고 있으나, 정확한 일정은 불투명하다.
　https://www.incheonilbo.com/news/articleView.html?idxno=1295550, 인천일보, "가시밭길 미단시티 비단길 언제걷나", 박정환 기자, 2025. 7. 9., 인천도시공사는 '영종국제도시 최초의 국제학교 설립은 새로운 앵커 시설로 투자유치 활성화의 초석이 될 것으로 기대된다.'라고 하며 2025년 3월 31일 인천시 중구 운북동 미단시티 외국학교법인 국제공모의 우선협상대상자로 영국 명문 사립학교 '위컴 애비(Wycombe Abbey)'를 선정하여 이를 정상화하고자 노력하고 있다.

스파이어[33]가 허가를 신청하였는데 시저스 코리아의 경우 인천 영종도 미단시티 카지노 운영사업자로 선정되었으나, 정부의 면허 갱신 및 인허가 조건을 충족하지 못해 최종 운영권을 확보하지 못하였다. 사업 초기 단계부터 일본·중국 등 경쟁 국가로 눈길을 돌리는 전략이 더 유리하다고 판단되어 국내 시장의 가치를 다른 국가보다 후순위로 보았다. 인스파이어 카지노의 경우는 면허 규제보다는 투자 구조·수익 모델·운영 실행력의 문제로 실패했다고 보는 분위기로, 사업전략과 재무리스크 관리의 미흡이 더 큰 원인이었다. 2023년 말 개장하면서 면허는 발급되었으나, 공사 지연 및 투자 부족으로 조건 이행을 실패한 것으로 문화체육관광부는 공사 진행, 비카지노 시설 투자, 객실 등급 획득, 독립심사위 권고 사항 이행을 지속적으로 모니터링했다.

  이에 대해 우리나라의 카지노업은 '외국인 전용' 구조로 사업 모델의 리스크가 클 뿐 아니라 그간 팬데믹 영향, 중국 VIP 축소 등 외국인 방문객이 줄어들 때마다 수익이 타격을 받았다. 그리하여 복합리조트는 내국인을 대상으로 하는 마케팅과 외국인을 대상으로 하는

---

33 https://www.donga.com/news/Economy/article/all/20250415/131419449/1, 동아경제, "경영권 바뀐 인스파이어, 마케팅 수장 교체로 체질 개선 돌입", 황스영 기자, 2025. 4. 15., 2023년 11월 30일, 1차 개장하고 2024년 2월에는 카지노 정식 운영을 시작한 뒤 2024년 3월 전면 개장한 인스파이어 리조트는 객실 1,275실, 외국인 전용 카지노, 15,000석 아레나, 실내 워터파크, 쇼핑·컨벤션·F&B 등 핵심 시설 대부분 운영 중이다. 그러나 Mohegan이 재정 문제로 디폴트를 내며 주요 금융기관인 Bain Capital이 2025년 초부터 운영권을 인수하였다. 그리하여 현재 Bain Capital이 운영 중이며, 시설은 계속 가동 중이나, 매각 추진 및 수익성 회복 과제 진행 중에 있다.

마케팅을 구분하여 수행할 수밖에 없다 보니 마케팅 비용도 클 뿐 아니라 복합리조트의 지속적인 운영과 투자자의 사업적 수익을 위해 내외국인 구별정책에 대한 수정이 요구되고 있다.

외국인 전용 카지노는 높은 소비력을 가진 관광 재원임에도 불구하고 입점 요건의 엄격함으로 인해 영업장 선정과 이전에 많은 어려움을 겪고 있다. 현행 법령상 외국인 전용 카지노는 1등급 관광숙박업이나 국제회의업시설에만 부대시설로 입점이 가능해 독립적인 입점 시설 입점은 불가능하다. 이로 인해 호텔 매각이나 폐업 등의 사유로 기존 영업장을 유지하기 어려운 경우에도 대체 입지를 찾기 어려워 경영 차질을 겪는 사유가 빈번하게 발생하고 있다. 실제로 세븐럭 카지노는 힐튼호텔 매각 후 서울 드래곤시티로 이전했고 제주 메가로 카지노는 수년간 영업을 중단한 끝에 신라 호텔로 이전에 성공했다. 특히 평창 알펜시아 카지노는 지리적 한계로 경영난을 겪으면서도 입지요건을 충족하는 대체지를 맞는 곳을 구하지 못해 개점휴업 상태에 놓였으며, 청주 앰버드로 호텔 카지노도 인근 학교로 인해 지역반대에 부딪혀 무산되었다.

[표9] 내국인과 외국인 카지노 출입에 대한 입장

국가/지역	내국인 카지노 이용 여부	외국인 정책
한국	강원랜드 외 전면 금지	외국인 전용
캄보디아	완전 금지	외국인 전용
싱가포르	입장료 및 규제하에 제한적 허용	외국인은 무료 이용
베트남	조건부 허용	외국인 이용 자유
태국	조건부 허용	외국인 자유 이용 가능
일본	월/연도 입장 제한, 입장료 징수	외국인 이용 무제한
북한	완전 금지	외국인 대상 카지노
마카오	내국인 출입 자유	외국인 무료 이용
미국	내국인 출입 자유	외국인 무료 이용 신분확인은 만 21세 이상 여부만 확인

    결국 새로운 법령까지 되면서[34] 카지노 입점은 더욱 까다로워졌고, 영업장 선정은 더 큰 과제가 되었다. 더 나아가 2016년 「관광진흥법」 개정으로 문화체육관광부장관은 법 제21조제2항에 다라 최근 신규허가를 한 날 이후에 전국 단위의 외래관광객이 60만 명 이상 증가한 경우에만 신규허가를 할 수 있되, 일정 사항을 고려하여

---

34   현재 법령에는 제한이 없지만 「경제자유구역의 지정 및 운영에 관한 특별법」, 「폐광지역 개발 지원에 관한 특별법」, 「제주특별자치도 설치 및 국제자유도시 조성을 위한 특별법」 등에 의하여 특정 지역에서만 복합리조트를 전제로 한 카지노업은 허가신청 할 수 있다.

그 증가인원 60만 명당 2개 사업 이하의 범위에서 할 수 있다[35]고 규정하였다. 그런데 이로 인하여 카지노 입점은 더욱 까다로워졌고 영업장 선정은 더 어려운 상황인데, '외국인' 전용으로만은 수익을 유지하기 어렵고 국내 고객도 법령 제정 당시였던 1967년과 달리 풍족한 부분이 있어 오히려 국내에서 카지노와 같은 즐길 거리가 제한되면 외국에서 이를 찾아나서고 있어 외화가 유출되고 있는 상황이므로 해외에서 카지노업을 즐기는 것보다 제한적으로 국내 카지노업을 이용하여 복합리조트가 폐업하는 상황을 방지할 필요가 존재했다. 이제는 '외국인' 전용의 현행 법령은 대폭 수정이 요구된다. 캄보디아, 우리나라, 북한은 내국인을 전면 금지하고 외국인 관광객만 카지노 이용이 가능하도록 운영하며 싱가포르, 일본, 베트남, 태국은 비교적 제한적 허용 모델로, 높은 입장료나 자격 조건을 통해 내국인의 접근을 통제하고 있다. 미국과 마카오는 내외국인 모두 자유롭게 입장이 가능하다. 각국 정부는 국가적 판단에 따라 도박 중독 및 사회적 문제를 최소화하면서도, 관광산업 및 외화 수익은 유지하고자 하고 있다.

---

35 「관광진흥법 시행령」제27조제3항, 1. 전국 단위의 외래관광객 증가 추세 및 지역의 외래관광객 증가 추세, 2. 카지노이용객의 증가 추세, 3. 기존 카지노사업자의 총 수용능력, 4. 기존 카지노사업자의 총 외화획득실적, 5. 그 밖에 카지노업의 건전한 운영과 관광산업의 진흥을 위하여 필요한 사항 등의 이유로 60만 관광객이 초과할 때마다 신규 입점할 수 있도록 하는데, 전 세계에 이와 같은 규정은 존재하지 않는다.

(2) 관광진흥기금 납부 등 이중과세 규제와 사회공헌 활동 지원의 필요

제주도는 중국인을 비롯한 동남아 관광객이 무비자 입국과 직항 노선을 통해 손쉽게 방문할 수 있는 곳으로, 지난 한 해 한국을 찾은 관광객 수는 1,630만으로 전년도 대비 약 48% 증가했다. 제주도는 195만 명을 기록하여 이 같은 관광객의 증가는 전년도 대비 168% 증가율을 보였다.[36] 그러므로 60만이 추가될 때마다 카지노업 신규 허가를 약속한 법령에 따르면 실제 신규사업 투자가 일어나야 함에도 불구하고[37] 새로운 지역투자는 현재 이루어지지 못하고 있다. 이는 외국인에게만 전용되어야 하는 카지노산업이 외국인 관광객 증가로 외형적으로 성장하는 것으로 보이나 실질적인 수익은 일부 대형 업체제에만 집중되어 나머지 업체들은 경영난을 겪고 있는 실정이다.

2024년 제주도 외국 카지노 총매출 4,589억 원 중 드림타의 카지노가 3,203억 원을 차지하며 전체의 약 70%를 독식했고, 신화월드 랜딩 카지노까지 포함하면 전체매출의 84%를 넘는 과점 구조가 형

---

36 https://www.jejunews.com/news/articleView.html?idxno=2215687, 제주일보, "2024년 제주 찾은 관광객 1378만명 넘어서", 진주리 기자, 2025. 1. 2.
37 「관광진흥법 시행령」 제27조 ③ 문화체육관광부장관은 법 제21조제2항에 따라 최근 신규허가를 한 날 이후에 전국 단위의 외래관광객이 60만 명 이상 증가한 경우에만 신규허가를 할 수 있되, 다음 각 호의 사항을 고려하여 그 증가인원 60만 명당 2거 사업 이하의 범위에서 할 수 있다.

성되어 있다.[38] 반면 다수의 카지노는 매출이 100억 원에도 미치지 못해 정상적인 운영이 어려운 상황이다. 이러한 질적 침체에 주된 원인은 관광 인프라에 비해 과도한 제도적 규제에 있다.

제주도 카지노 관리 정책은 산업 육성보다는 리스크 관리와 규제에 초점을 맞추고 있어 외화수익 창출과 관광산업 활성화의 제약으로 작용하고 있다. 그러나 무엇보다도 우리나라의 카지노업의 규제는 현재 복잡한 과세 구조이다. 카지노사업자는 일반적인 법인세 외에도 매출액의 10%를 관광진흥기금으로 출연해야 하며,[39] 이는 위헌이 아니라는 판결을 받은 바 있으나[40] 그 밖에도 별도로 4%의 개별소

---

38 https://www.donga.com/news/Society/article/all/20250612/131791729/1?, 동아일보, "'MZ 관광객 절반 이상' 제주 외국인 카지노 훨훨" 송은범 기자, 2025. 6. 12.
39 「관광진흥법」제30조(기금 납부)에 따라, 카지노사업자는 총매출액의 100분의 10의 범위 내에서 일정 비율을 관광진흥개발기금에 출연해 납부하도록 규정되어 있다. 해당 조항(「관광진흥법」제30조)은 카지노사업자에게 관광진흥개발기금법에 근거해 총매출액 대비 최대 10% 이내의 부담금을 부과하도록 명시하고 있다.
40 「관광진흥법」제10조의4제1항 위헌소원 [1999. 10. 21. 선고 전원재판부 97헌바84] "카지노업은 관광사업 중에서 수익성이 가장 높고, 다른 관광사업과는 달리 등록·지정이 아닌 허가를 받도록 하고 있을 뿐만 아니라, 그 허가요건도 전에 비하여 강화되어 매출액 및 이익의 증가가 예상되는 상황에서, 부족한 관광진흥개발기금의 확충을 통하여 관광사업의 발전에 필요한 재원을 확보하기 위하여 카지노사업자에게 일정금액을 관광진흥개발기금에 납부하게 하여 이 기금을 관광사업의 발전을 위한 특정한 용도에만 사용하도록 하는 것은 관광사업의 발전이라는 입법목적의 달성을 위한 적절한 방법으로 인정되고, 카지노업의 총매출액 개념의 특수성 및 카지노업의 높은 수익성에 비추어 카지노사업자에 대하여 총매출액의 100분의 10의 범위 안에서 납부금을 부과한 것이 과도한 것으로 볼 수도 없으므로, 구「관광진흥법」제10조의4제1항이 과잉금지의 원칙에 위배하여 카지노사업자의 재산권을 침해하였다고 할 수 없다."라고 판시하였다.

비세도 납부해야 한다.[41][42] 최근에는 경마, 경륜 등 일부 내국인 대상 사행산업에 적용되던 레저세를 외국인 전용 카지노까지 확대하려는 움직임이 나타나면서 이중과세 논란이 더욱 거세지고 있다.[43]

  또한 지역에 따라 중앙정부의 과세 외에도 인천시는 지방세 제도개선과 인천 발전을 위한 공약 과제의 일환으로 레저세 과세 대상을 확대하겠다는 의지를 관철하고 있으며, 더 나아가 '사행산업통합감독위원회'의 권한을 지방자치단체에 이양하려는 시도도 병행하고 있다. 그러나 이러한 정책은 세수확보를 우선시한 결과일 뿐 과도한 세금부담에 시달리는 카지노산업의 현실은 외면하고 있다는 비판이 나오고 있다. 우리는 복합리조트를 전제로 카지노업이 운영되고 있기 때문에 카지노업에 대한 과도한 규제는 복합리조트업의 위기로 이어진다.

  관광진흥기금의 경우 정부는 카지노사업자에 대해 매출기준으로 약 10%에 해당하는 금액을 관광진흥기금으로 출연하도록 하고 있는데, 이는 영업이익과 무관한 과금 체계 납부의무로 상정되고 있다. 2023년 기준 관광진흥기금 총액 2,659억 원 중 절반에 가까운 금액

---

41 「개별소비세법」 및 관련 시행령에 따라, 카지노 매출에 대해 4% 내외의 개별소비세가 부과되며 강원랜드 등 외국인 출입 카지노에 대해서는 2012년을 기점으로 가별소비세 4% 부과가 시작되었으며, 이후 계속 적용되고 있다.

42 사행산업통합감독위원회 통계자료에서도 카지노 매출액의 4% 수준의 개소세 부담이 명시되어 있다.

43 https://www.kyeongin.com/article/1675023, 경인일보, 2024.1.25., "영종 외국인 카지노 레저세 거둬 지방세수 확충", 조경욱 기자, 2024. 1. 25.

인 약 1,344억 원을 카지노산업이 부담하고 있는데[44] 제주도의 경우 「관광진흥법」보다 불리한 조례[45][46]를 적용받는 카지노사업자들은 계약게임 수수료까지 매출로 간주하는 과세기준 범위가 확장되면서 내륙 카지노사업자보다 더 큰 부담을 떠안고 있는 실정이라 「헌법」상 국가 내 이중 법령으로 인한 영업 부담에 대해 위헌의 여지도 존재한다.[47] 외국인 유치를 위한 항공료, 숙박 제공 등 필수비용이 매출에 30%를 차지하는 현실에서 이와 같은 조례는 산업의 효율성을 떨어뜨리는 요인으로 작용하고 있다.

---

44 https://www.kyeongin.com/article/1714125, 경인일보, "카지노 제세부담 국세·기금 편중… 인천시 '배분 지역별 불균형 해소를'", 조경욱 기자, 2024. 10. 20., 그랜드코리아레저는 3천 936억 원의 매출 중에 377억 원, 파라다이스는 8,472억 원 중 809억 원, 롯데관광개발은 3천 203억 원 중 315억 원을 각각 부담하였다.

45 카지노업 허가 및 감독 권한을 문화체육관광부에서 제주도로 이관한 근거(「제주특별법」 제243조·제244조, 「관광진흥법」 제5조 위임)에 따라 「제주특별자치도 카지노업 관리 및 감독에 관한 조례」에 근거한다. 영업소 소재지의 변경을 카지노업의 변경허가 사항으로 규정한 「제주특별자치도 카지노업 관리 및 감독에 관한 조례」 제16조제1항제2호를 삭제하고, 같은 조례에 "카지노 영업소 소재지 이전을 원천적으로 허용하지 않는다"라는 조항을 신설하는 것이 가능한지 여부(「제주특별자치도 카지노업 관리 및 감독에 관한 조례」 제16조 등 관련)의 경우 영업소 소재지의 변경을 카지노업의 변경허가 사항으로 규정한 「제주특별자치도 카지노업 관리 및 감독에 관한 조례」 제16조제1항제2호를 삭제하고, 같은 조례에 "카지노 영업소 소재지 이전을 원천적으로 허용하지 않는다"라는 조항을 신설하는 것은 상위법령에 위배될 소지가 있으므로 자치법규 입안에 신중을 기하여야 한다.

46 제주특별자치도 카지노사업장 주변지역 환경개선에 관한 조례, 제주특별자치도 카지노업 종사자 복무 및 교육에 관한 조례, 제주특별자치도 외국인전용 카지노 세입금의 지역환원에 관한 조례 등이 있다.

47 제주특별자치도 외국인전용 카지노 세입금의 지역환원에 관한 조례는 카지노업체 납부 관광진흥기금, 지역개발기금의 사용 우선순위를 정하고 있고 카지노 수입의 일정 부분을 지역사회 환원사업에 활용과 지역문화·관광·복지 증진 목적 활용 원칙을 규정한다. 그러므로 제주는 지역개발기금도 납부하여야 한다.

그럼에도 불구하고 국내 카지노사업자들은 지역사회와 관광산업 발전을 위한 다양한 공헌활동을 전개하고 있다. 강원랜드는 관광진흥기금 외에도 폐광기금을 납부하며 최근에는 K-히트 프로젝트를 통해 글로벌 복합리조트로 성장하겠다는 비전을 밝히고 지역관광과의 연계를 추진하고 있으며, 그랜드코리아레저는 다문화 가정 여행지원, 관광인재장학사업 등을 통해 포용적 공익활동 등을 펼치고 있고, 롯데관광개발은 드림타워리조트 개장 이후 상생기금을 통해 지역소상공인 지원 및 청소년 예술교육 등에 나서고 있다. 파라다이스 그룹은 개원학원을 설립해 문화예술인재를 양성하고 문화재단과 복지재단을 운영하여 아시아예술계지원 및 아동문화행사 개최 등 다양한 분야에서 사회적 책임을 자발적으로 실천하고 있다. 이러한 활동들은 법적 의무가 아닌 자발적 공익사업으로 카지노사업으로 단순한 사행산업을 넘어 지역사회와 관광산업의 긍정적인 기여를 하고 있음을 보여주는 사례이다. 주변국들은 카지노사업을 적극적 관광자원으로 활용하고 있는 가운데 한국 카지노산업은 규제에 묶여 제 역할을 하지 못하고 있다. 마카오는 세계 최고 수준의 카지노 도시로 인정받고 있으며 부활절과 황금연휴 기간 동안 전년 대비 두 자리 이상 성장한 관광객 수를 기록하였다.

특히 전체 관광객의 30%가 카지노를 이용하며 막대한 외화를 소비하고 있어 경제적 파급효과가 상당한데 일본 또한 2030년까지 오사카에 내국인 출입이 가능한 카지노 복합리조트를 조성할 계획을 밝혀 우리나라를 찾던 원래의 관광수요는 물론 내국인의 카지노

이용수요까지 상당 부분 일본으로 모두 유출될 우려가 제기되고 있는 실정이다. 이에 비해 제주는 좋은 관광 인프라를 갖추고 있음에도 불구하고 외국인 관광객의 카지노 이용률은 11%에 불과하여 관광객 유입이 실질적으로 외화 수익으로 이어지지 않고 있는 구조적 비효율을 드러내고 있다. 그럼에도 불구하고 제주도 도민들은 카지노산업에 대한 부정적 인식을 강하게 갖고 있으며 규제 강화를 지지하는 여론이 여전히 과반수를 넘는다. 도민들은 카지노가 사행심을 조장하고 생활환경에 부정적 영향을 미친다는 생각을 가지고 있으며 관광진흥기금 납부에 대한 평가도 여전히 부족하다고 평가하고 있다. 그러나 제주도 외국인 전용 카지노에 지난해 총매출은 전년 대비 78% 증가한 4,589억 원에 달했으며, 관광진흥기금 납부액 또한 85% 증가한 432억 원으로 집계되었다. 이는 어려운 여건 속에서도 지역 재정에 기여하고자 하는 카지노사업자의 노력이 반영된 결과이다.

부산의 경우 인구감소에 따른 지역소멸위기 대응 방안으로 내국인 출입이 가능한 복합리조트 조성이 다시 제안되고 있고 이는 카지노산업이 지역 경제활성화에 분명 구원투수가 될 수 있음을 방증하는 사례로 이제는 제주도를 비롯한 전국 카지노산업 전반에 대해 규제완화와 산업육성 방안을 심도 있게 재고해야 할 시점이다.

(3) 사행성에 대한 인식변화와 카지노전문기구의 필요성

사행산업과 카지노산업은 모두 '우연성'과 '금전적 대가'가 결합된 사행성(射倖性) 산업이라는 공통점을 갖지만, 법제도적 성격과 정책 목적, 관리 필요성 측면에서 분명히 구분된다. 따라서 「사행산업통합감독위원회법」의 사행산업통합감독위원회는 구조적으로 '카지노관리위원회'의 역할을 수행할 수 없다.

사행산업과 카지노산업은 모두 사행성 요소인 운에 따른 결과, 금전적 보상이 포함되므로 국민의 도박중독, 사회적 폐해, 범죄 연결 가능성 등의 사회적 리스크가 존재하고 국가의 면허·허가제와 규제의 필요성이 존재한다. 법 제2조에서 사행산업은 카지노업[48], 「한국마사회법」의 규정에 따른 경마, 「경륜·경정법」의 규정에 따른 경륜과 경정, 「복권 및 복권기금법」의 규정에 따른 복권, 「국민체육진흥법」의 규정에 따른 체육진흥투표권, 「전통 소싸움경기에 관한 법률」에 따른 소싸움경기로 대상이 한정적이며, 이들의 차이점은 다음 [표10]과 같다.

---

48 「관광진흥법」과 「폐광지역개발 지원에 관한 특별법」의 규정에 따른 카지노업

[표10] 사행산업과 카지노산업의 차이점

구분	사행산업	카지노산업
법적 근거	「사감위법」 등 각 개별법	「관광진흥법」 및 특별법 수준 검토
대상 산업	경마, 경륜, 경정, 복권, 스포츠토토, 소싸움 등	외국인 전용 카지노(내국인 제한)
주된 목적	국민 여가, 체육/축산/문화재원 확보	외화 획득, 관광산업 활성화
수익금 귀속	대부분 공공재원 (기금, 조세)	민간 기업 수익 + 일부 재투자 의무
운영 주체	대부분 공기업 (마사회, 체육진흥공단 등)	민간 또는 복합리조트 운영법인
규제 방식	총량 규제 중심	외국인 유치형 산업으로 차등 규제 필요
국제경쟁성	거의 없음(국내용 중심)	매우 높음(싱가포르·일본과 경쟁)

'사행산업통합감독위원회'는 국내 사행산업의 총량을 규제하고, 사회적 폐해를 방지하는 역할을 하는 기관이라 산업 진흥이 아닌 산업 억제가 기관의 설립목적이라 할 수 있으므로 국제경쟁력을 위해서는 카지노관리위원회가 별도로 필요하다. 즉, 카지노에서도 자금세탁이나 중독방지와 같은 한계 설정은 필요하지만 국제적 복합리조트 투자환경 조성을 위해 면허를 심사하여야 하고 보다 산업의 진흥 차원에 서 있기 때문이다.

한편 사행산업통합감독위원회는 복권·경마·토토 중심의 정책 심의기구로, 카지노산업 운영에 필요한 자금세탁방지, 국제면허제, 복합리조트 연계 정책 등 전문성이 미흡하다. 자금세탁방지, 고위험 베팅

관리, VIP 룸 규제, 브로커 제어 등은 별도 전문기구가 필요하다. 사행산업통합감독위원회가 카지노 관리를 맡게 되면 이미 관여하고 있는 문화체육관광부, 한국관광공사, 국세청, 경찰청 등 복수 기관이 이미 관여하고 있어 책임이 분산되고 관리범위도 더욱 확대되기 때문에 비효율성이 초래된다. 복합리조트는 관광·MICE·문화시설과 융합된 전략 산업인데 외국인 카지노에 대해서도 총량제를 적용하면 투자자의 철수 위험 또한 존재한다. 사행산업통합감독위원회는 '사행산업 억제'를 목적으로 설계되었기 때문에 복합리조트 산업 진흥의 정체 요소가 될 수 있다.

그러므로 외국인 관광객 유치와 국가 경쟁력 제고 및 카지노업 난립을 관리하고자 하는 국가전략산업인 카지노산업은 별도의 전문성을 갖춘 독립적이고 투명한 산업 육성과 건전성 통제를 병행하는 '카지노관리위원회' 또는 '복합리조트진흥 및 규제위원회'와 같은 별도 기구를 통해 관리되어야 할 필요가 존재한다. 싱가포르의 도박규제청 내 카지노관리위원회와 같은 기구를 둘 필요가 있다. 이는 우리나라의 사행산업통합감독위원회와 그 출발점이 다르고 실질적으로 카지노업의 시설, 기기 등에 대한 이해 및 전문적인 게임관리의 이해와 행정허가와 승인 전반에 걸친 전문적인 지식이 필요하다.

[표11] 우리나라와 외국과의 입법체계

항목	우리나라	외국
입지제한	국제공항·관광특구 등으로 제한	대부분 입지 제한 존재 (예: IR 구역, 경제특구, 카지노존 등)
시설요건	최상등급 호텔 또는 국제회의 시설의 부대시설	IR 전체 또는 카지노전용구역 내 부대시설로 제한 (싱가포르, 일본)
허가기관	문체부 + 시도지사	독립 규제기관 또는 중앙정부 (CRA, 국토교통성 등)
내국인 출입제한	원칙적으로 제한 (강원랜드 제외)	일부 국가만 제한 (싱가포르: 진입세 부과, 일본: 주 3회·월 10회 제한 등)
법률구조	일반법(「관광진흥법」) + 시행령	특별법 또는 지역계획법 기반의 개별법 중심

각국은 카지노·도박산업의 사회적 영향과 범죄 예방, 경제적 이익 관리를 위해 별도의 카지노 감독기관 또는 도박 규제기관을 두고 있다. 일본의 카지노관리위원회, 싱가포르의 도박규제청, 미국 네바다주의 게이밍 통제위원회, 호주의 카지노관리위원회 등과 같이 복합리조트 내 카지노사업 면허 심사와 사업자 적격성 판단, 중독방지, 자금세탁방지 등을 전담하는 전문기구가 있는 것이다. 반면 우리나라의 경우 카지노 관리기구가 아예 존재하지 않는다. 외국인 전용 카지노 관련 인허가는 「관광진흥법」 제21조에 근거하여 문화체육관광부 소관이지만 실질적인 감독은 한국관광공사 관광산업팀에서 수행하고 있다. 그러다 보니 면허 심사기준 법령이 미비하고, 재량성이 매

우 크다. 카지노 단속은 경찰청 또는 국세청·지방자치단체와 협력하는 방식으로 수행한다. 독립적이고 전문적인 '카지노관리기구'가 존재하지 않음으로 인해 다양한 법제도적·산업적 문제가 발생하고 있는 문제는 생각보다 많은데, 중독방지나 사회영향분석, 자금세탁방지 기준 등은 명확한 기준도 제시하지 못하고 있는 실정이다. 각국의 카지노산업은 사회적, 경제적, 문화적 맥락에 따라 서로 다른 규제체계를 가지고 있으며, 이를 관리하는 주무 행정부처나 기관도 국가마다 상이하다. 이들 기관은 카지노산업의 허가, 운영감독, 자금세탁방지(AML), 이용자 보호 등 다양한 측면에서 핵심적인 역할을 수행하고 있다.

대한민국의 경우, 카지노업은 「관광진흥법」 제21조에 따라 문화체육관광부가 중앙 행정부처로서 총괄하며, 외국인 전용 카지노에 대한 허가 및 감독 권한을 행사한다. 다만, 제주도와 같은 특별자치도에서는 「제주특별법」에 따라 도지사에게 일부 권한이 위임되기도 한다.

싱가포르는 GRA(Gambling Regulatory Authority)라는 독립 규제기관이 카지노산업을 포함한 모든 도박 행위를 통합적으로 관리한다. GRA는 2022년 이전까지의 카지노 규제기관이던 CRA(Casino Regulatory Authority)를 통합하여 출범했으며, 명확한 법적 권한과 행정적 독립성을 바탕으로 강력한 규제체계를 유지하고 있다. 일본은 국토교통성과 내각부(IR 관계 부처회의)가 협력하여 복합리조트(IR: Integrated Resort)에 카지노를 포함시키는 구조를 운영한다. 지자체가 민간 사업자와 함께 IR 개발 계획을 수립하면, 이를 내각부가 심사하고 최종적으로 국토교통성이 승인하는 방식이다. 카지노는 반드시 복합리조트의 부속시설로 제한되며, 단독 허가는 허용되지 않는다. 마카오는 세계 최대 카지노 도시 중 하나로, Gaming Inspection and Coordination Bureau(DICJ)라는 특별행정구 정부 산하 기관이 카지노산업 전반을 감독한다. DICJ는 운영권 부여, 자금세탁방지, 재무감사 등 실질적인 규제권한을 보유하고 있으며, 마카오 정부와의 계약(컨세션)을 통해 사업자가 선정된다.

  미국은 연방 차원의 통일된 카지노 규제기관이 존재하지 않으며, 각 주정부의 Gaming Control Board 또는 Gaming Commission이 자율적으로 카지노를 규제한다. 대표적인 예로, 네바다주의 Nevada Gaming Control Board, 뉴저지주의 Division of Gaming Enforcement가 있으며, 이들 기관은 면허 부여, 운영 감사, 형사사건 조사 등의 권한을 가진다. 필리핀은 특이하게도 카지노 운영과 규제를 모두 수행하는 정부공기업 PAGCOR(Philippine Amusement and Gaming Corporation)이 존재한다. PAGCOR은 직접 카지노를 운영하기도 하며, 민간 카지노의 허가와 감독도 병행한다. 이중적 지위 때문에 정부의 수익 확보와 공정 규제 간에 이해 충돌 문제가 지적되기도 한다. 영국은 Gambling Commission(UKGC)이라는 중앙정부 산하의 독립 규제기구를 통해 카지노뿐 아니라 온라인 도박, 베팅 등 도박산업 전반을 포괄적으로 규제하고 있다. UKGC는 「도박법 2005(Gambling Act 2005)」를 기반으로 면허 발급, 위반 사업자 징계, 소비자 보호 기능을 수행한다. 호주와 캐나다는 미국과 유사하게 주정부 단위의 Gaming Authority가 독립적으로 카지노를 관리한다. 예를 들어, 호주 빅토리아주는 VGCCC(Victorian Gambling and Casino Control Commission)를 통해 규제하고 있으며, 캐나다 온타리오주는 AGCO(Alcohol and Gaming Commission of Ontario)가 카지노 면허와 운영을 담당한다. 베트남은 중앙정부의 재정부(Ministry of Finance)가 카지노업의 허가와 정책을 총괄하며, 일부 규제 기능은 내무부나 공안부와 협업하여 수행된다.

 이처럼 각국은 문화적 수용성과 산업적 목적에 따라 규제기관을 중앙정부 부처, 독립규제청, 또는 지방정부로 다양하게 설정하고 있다. 특히 싱가포르, 영국, 마카오는 독립규제청을 통해 전문성과 투명성을 확보하고 있으며, 한국, 일본, 베트남은 중앙정부 부처 중심의 통제형 모델을 유지하고 있다. 반면 미국, 호주, 캐나다는 지방정부에 자율권을 부여하여 지역 기반의 규제를 운영하고 있으며, 필리핀은 정부가 운영자와 규제자의 역할을 동시에 수행하는 독특한 체계를 유지하고 있다. 이러한 차이는 국가의 도박 규제철학, 정치구조, 시민사회의 수용 수준 등에 따라 달라지며, 향후 카지노산업의 제도개선 논의에서 우리나라도 카지노 전문 관리기구인 도박규제청이 필요한 것은 선진국과의 경쟁에서 우리나라 법제의 위상과 두관하지 않다. 결국 복합리조트사업 개발에 있어 가장 큰 행정적 장애물은 복수의 허가 기관과 절차로 인한 비효율성이다. 예컨대 숙박시설은 문화체육관광부, 음식점은 보건복지부, 판매시설은 산업통상자원부, 건축 및 소방은 지자체와 소방청 등 각기 다른 행정주체가 인허가를 관할하고 있으며, 서로 다른 기준과 시기, 해석의 차이로 인해 사업자는 심각한 불확실성에 직면하게 된다.

이에 따라 복합리조트 전담 원스톱 인허가 기구의 설치가 시급하다. 지자체 단위에서 '복합관광개발지원센터'(가칭)를 운영하거나, 중앙정부 차원에서는 '복합관광시설 통합심의위원회'를 구성하여 관련 부처가 공동으로 심사·협의하는 구조를 구축해야 한다. 이러한 통합 심의체계는 사전 컨설팅, 민원지원, 입지 사전검토 등도 함께 제공함으로써 사업자에게 예측 가능한 행정 환경을 제공할 수 있다.

(4) 달라지는 사행성에 대한 인식에 따른 법제 마련

사행성의 개념은 시대적 맥락, 법률체계, 사회 인식의 변화에 따라 그 정의와 규제 대상이 달라져 왔다. 과거에는 도덕적 판단에 근거한 금기 대상이었던 사행성은, 현대에 이르러 관리·허용·진흥이라는 다양한 법적 접근과 산업적 수용의 틀 안에서 상대적 개념으로 진화하고 있다. 사행성은 노력 없이 운에 기대어 이득을 얻으려는 행위로 간주되어 탐욕, 나태, 타락의 상징으로 여겨져 금지·비난의 대상이 되어 왔는데 땀 흘리지 않은 대가는 사회질서를 해친다는 윤리적 관점과 산업화 이후 가계 파탄, 범죄 유발, 공공질서 교란으로 인식되어 「형법」상 도박죄나 「풍속영업규제법」의 대상이 되어 왔다. 그러나 사행성은 관리되지 않은 사행성만이 사회 문제라는 인식으로 전환되기 시작하였다. 복권, 경마·경륜, 카지노, 토토 등이 국가의 면허제 아래 운영되며, 사행성을 통제 가능한 공공 자원으로 보는 시각이 확대되면서 '합법적 사행성'의 등장은 「사행산업통합감독위원회법」이 제정된 2007년이라고 할 수 있다. 국가가 인정한 사행산업만 '사행성'을 포함하되 사회적 부작용을 방지하는 것을 전제로 하는 조건부 허용이 시작된 것이다. 복합리조트 카지노산업, 게임산업, e-스포츠 등에서 경쟁·몰입 요소와 사행성이 융합된 형태로 등장하면서 일본과 싱가포르의 '카지노'도 철저한 규제 아래 관광·투자 유치 수단으로 정당화하는 데에 영향을 받은 것으로 보인다. 자본주의 사회에서 사행성이 없는 것은 거의 없다. 도박·복권에 대해 여전히 '사행행위'라고 인식하고 있지만, 주식·부동산 투자 역시 정보 격차 및 변동성 탓에 사행적 요소가 존재한다. 즉, 투자는 분석 기반일 수 있으나 실제 투자자 상당수는 '요행'에 기대하는 것이 사실이기 때문이다. 실제 건전한 행위인 창업 및 벤처기업을 설립하는 것 역시 사업에 있어서 혁신에 대한 보상이 크지만, 성공확률이 극히 낮다는 점에서 사행적 구조와 유사하다고 볼 수 있으며, 노동시장에서도 때에 따라서는 실력 외에도 학벌, 운, 인맥 등에 따라 결과 달라진다고 생각할 수 있다. 특히 승진이나 채용 시 요행적 요소가 전혀 없다고 볼 수는 없다. 최근 초등학생의 선망의 직업인 유튜버·인플루언서 역시 바이럴 여부나 알고리즘 노출운 등의 부분은 사행성이 높은 분야로 1%의 성공이 전체 생태계를 유지하는 구조로 운영된다. 자본주의에서 자본소득을 인정한다는 의미, 즉 노동이 아닌 자본으로 벌 수 있다는 점 자체가 노력 없는 수익이라는 사행적 인식의 야기가 가능하다. 그럼에도 불구하고 계약, 법적 규제, 회계 시스템, 노동의 정량화 등을 통해 사행성을 줄이려는 제도적 노력이 존재한다. 사행성 그 자체를 「형법」상 처벌하는 나라는 우리나라, 일본, 중국, 태국, 사우디 등 일부 국가로 대부분의 나라에서는 사행성은 허가 기준, 소비자 보호 기준, 규제 사유로 작용하지만, 그것만으로 범죄 처벌 대상으로 삼지는 않는다.[49] 특히 영미권(미국, 영국, 호주 등)에서 사행성은 범죄라기보다 규제의 필요성으로 간주된다.[50]

그러나 우리나라는 「형법」상 도박죄가 여전히 존재하며, 그 기준이 되는 개념이 바로 사행성이다. 사행성이 인정되면 단순 도박이라도 범죄, 상습이나 영리를 목적으로 하면 중범죄가 되어 사행성 판단이 곧 처벌 여부 판단의 핵심이 되는 구조로, 이는 자본주의에서 다른 모든 행위에 비해 형평성을 잃은 법률, 위헌법률심판의 가능성도 열려 있는 것이 사실이다.

---

49 일본은 「형법」상 도박죄와 특별법이 우리나라와 같이 존재하여 「형법」상 도박은 원칙적으로 금지된다. 즉, 사행성은 원칙적으로 금지되나 공영 도박은 특별법으로 허용되며 카지노도 2018년 이후 IR법으로 일부 허용하는 구조를 명확히 보여준다. 중국은 「형법」상 도박죄가 명시되어 있어 도박은 거의 전면 금지되지만 특정한 곳, 홍콩·마카오는 제외한다. 사우디아라비아는 이슬람 율법에 따른 도박이 전면 금지되나 도박 자체가 종교적으로 금기, 사행성 포함 전면 처벌 대상으로 보고 있다. 태국은 「형법」상 도박죄가 인정되지만 일부 허용된 복권은 허용된다.

50 미국은 주별 자율 규제하는 곳으로 사행성 자체 처벌은 없고 규제대상으로 주정부 면허를 받아서 카지노, 복권 등의 사업을 할 수 있다. 영국은 「도박법(Gambling Act 2005)」이 제정되어 사행성은 허가 기준일 뿐, 처벌 근거는 아니고 청소년 보호, 중독방지, 자금세탁방지에 초점을 두고 있다. 프랑스 역시 게임 규제청(ANJ)을 통한 허가제로 '과도한 사행성'을 제한하는 방식이다. 온라인 카지노 일부는 허용되며 스포츠 베팅도 허가가 필요하다.

「형법」246조, 2247조 도박죄의 도박행위 규제에서 불법성은 지나친 '상습성'이라 할 것이다. 이때 '상습성'이라 함은 반복하여 도박행위를 하는 습벽으로, 행위자의 속성을 말한다. 이러한 습벽의 유무를 판단함에 있어서 도박의 전과나 도박 횟수 등이 중요한 판단자료가 될 뿐 아니라 도박 전과가 없다 하더라도 도박의 성질과 방법, 도박금의 규모, 도박에 가담하게 된 태양 등의 모든 사정을 참작하여 도박의 습벽이 인정되는 경우에는 상습성을 인정할 수 있다고 본다.[51] 판례는 "사건 내기 골프의 횟수, 기간, 도박금의 규모 및 피고인의 전력 등에 비추어 보면, 위 피고인에게 도박의 습벽을 인정하기에 충분하므로, 같은 취지의 원심 판단은 정당하고, 원심이 위 피고인에 대하여 상습도박죄를 인정한 데에 어떠한 위법이 있다고 할 수 없다"라고 하여 상습성을 도박의 위법 추정에 중요한 내용으로 삼고 있다. 그러므로 사행성은 시대에 따라 윤리의 대상에서 통제의 대상으로, 그리고 오늘날에는 산업과 융합된 복합적 현상으로 바뀌었으며 오늘날 과제는 '사행성 자체의 허용 여부'가 아니라, 어떤 사행성이 사회에 이롭고, 어떤 것은 통제되어야 하는가를 정밀하게 구분하고 규율하는 것이 명확하다. 그리하여 사행성이란, 개인의 능력이나 노력에 관계없이 우연에 따라 경제적 이익을 얻을 수 있는 가능성이 있는 경우를 말하며, 「형법」상 도박죄는 사행성을 띤 행위 중, 경제적 이익을 얻는 것을 목적으로 하는 경우와 금품 기타 이익의 수수 또는 손

---

51 대법원 1995. 7. 11. 선고 95도955 판결

실, 우연성에 따른 승패, 반복·조직성의 유무 등을 관리한다. 술값 내기 고스톱은 단순 오락이지만 현금 내기 고스톱의 반복성으로 인한 상습성을 규제하고자 하는 취지로 이해하는 것이 마땅하다. 그럼에도 불구하고 사행성의 개념은 건재하는데, '사행성 게임물'이라 함은 게임의 진행이 「게임산업진흥에 관한 법률」 제2조제1의2호에서 제한적으로 열거한 내용 또는 방법에 의하여 이루어져야 할 뿐만 아니라 게임의 결과에 따라 게임기기 또는 장치에 설치된 지급장치를 통하여 게임 이용자에게 직접 금전이나 경품 등의 재산상 이익을 제공하거나 손실을 입도록 만들어진 게임기기 또는 장치를 의미한다고[52] 규정하고 있다. 또한 게임기기 또는 장치가 제작, 배급될 당시에는 적법하게 등급을 부여받았지만 불법적으로 개·변조되어 우연적인 방법으로 결과가 결정될 뿐만 아니라 그 결과에 의하여 재산상 이익을 주는 게임기기 또는 장치로 변하였다면 이는 최초 등급을 부여받았던 것과는 동질성이 상실되어 「게임산업진흥에 관한 법률」 제2조제1호, 제1호의2 소정의 사행성 게임물에 해당한다[53]고 하였다.

---

52 대법원 2010. 1. 28. 선고 2009도12650 판결

일반 도박과 달리 게임물의 사행성은 우연적인 방법으로 결과가 결정되고, 그 결과에 따라 이용자가 경제적 이익을 얻거나 손해를 입는 게임물로서 규제대상은 확률형 아이템, 현금성 환전, 일정 금액을 초과하는 경품 제공 등이 그것이다. 이때 경품가액은 제한되며, 확률 공개 의무 등을 통해 사행성 완화 정책을 운용한다. 법적으로 허용된 사행산업, 국가가 운영하는 경마, 경륜, 복권이나 국가가 일정 지역에서의 승인 후 문화체육관광부가 허가하는 형식을 갖춘 이중 승인 규제가 있는 카지노업 등에서의 관리하는 사행성은 사행성의 총량 제한적 관점에서 사회적 부작용 최소화, 중독 방지 등의 목적하에 관리가 가능하다.

---

53 수원지법 2009. 10. 22. 선고 2009노3702 판결, 원심은 피고인들이 성게, 오징어, 참치, 상어, 고래 등의 그림이 화면에 나타날 경우 최고 800,000점의 점수가 부여되고 점수 5,000점당 액면금 5,000원권 상품권이 배출되는 등으로 사행성을 조장하는 속칭 "예시기능"과 "메모리 연타기능"이 불법 변조되어 내장된 백경 게임기 20대, 쿨방울, 불빛, 잠수함, 열대어, 가오리, 백상어 등의 그림이 화면에 나타날 경우 최고 500,000점의 점수가 부여되고, 점수 5,000점당 액면금 5,000원권 상품권이 배출되는 등으로 사행성을 조장하는 속칭 "예시기능"과 "메모리 연타기능"이 불법 변조되어 내장된 오션파라다이스 게임기 20대를 설치하여 손님들의 이용에 제공하고, 게임기에서 배출된 액면금 5,000원권 상품권을 1장당 수수료 500원을 공제한 4,500원에 환전하여 재매입하는 행위를 하여 「게임산업진흥에 관한 법률」 해당 법조를 위반하였다는 공소사실에 대하여 이 사건 각 게임기기들은 게임내용이 우연적인 방법으로 결과가 결정되고 그 결과에 따라 재산상 이익 또는 손실을 주는 것이어서 비록 그것들이 등급 분류를 받은 이후 이른바 예시 기능과 메모리 연타 기능이 불법으로 변조된 것이라 하더라도 「게임산업법」 제2조제1호 및 제1호의2 소정의 사행성 게임물에 해당하여 「게임산업법」 제2조제1호 소정의 게임물에는 해당하지 아니하고 피고인들이 공중의 이용에 제공한 게임이 사행성 게임물에 해당함에 따라 피고인들은 「게임산업법」 제2조제9호 소정의 게임물 관련사업자에도 해당하지 아니한다는 이유로 등급 받은 내용과 다른 내용의 게임물 이용의 점을 제외한 나머지 각 「게임산업법」 위반 부분에 관하여 무죄를 선고하였다.

우연성이란 어디까지나 결과가 기술·능력이 아니라 '운'에 의존하는 것을 뜻하는데, 게임업에서는 슬롯머신, 복권 등이 여기에 속하고 경제적 이익성은 금전 또는 금전적 가치 있는 재화의 획득이며 현금, 상품권, 마일리지 등이 있다. 대가성은 사행행위에 참여하기 위해 사용자가 일정 비용 지불하는 것으로, 유료 아이템 구매 등이 여기에 속한다고 할 것이다.

반복성과 영리적인 환전가능성으로 인한 지나친 중독성은 통제하여야 할 부분이 맞지만 구조적으로 반복을 유도하고 중독 우려가 전제된 것이 산업의 속성인 만큼 산업 자체를 불가하게 하는 것은 글로벌 스탠더드에도 맞지 않고 국민의 지나친 정부 간섭이 될 수 있다.

그리하여 게임산업에서의 사행성은 반복성보다 환전가능성에 보다 초점이 맞춰져 있는데 확률형에 있어서 아이템 연속 뽑기와 같은 것의 환전성 또는 현금화 가능성은 게임머니 또는 포인트를 실질적으로 현금화 가능한 것으로 사행성이 강하게 인정되고 취득할 수 있는 범위를 제한한다. 결국 반복성과 영리성의 기준에서 법률의 위헌 여부를 결정하는 핵심적 기준은 해당 분야가 오직 순기능은 없고 역기능이 과도할 때, 단순 오락을 넘어 경제적 손익과 우연성이 결합된 경우나 사회질서를 해칠 우려가 있을 때를 말한다. 카지노산업은 허용된 사행성으로 「관광진흥법」 등에서 중앙정부의 허가와 지방자치단체의 지역 승인으로 이중적으로 규제되며 복합리조트도 함께 운영하고 있어 순기능도 높다. 또한 게임산업에서의 확률형 아이템 뽑기는 제한적 사행성으로 「게임산업진흥에 관한 법률」상 확률 공개 의무를 한 게임에서 위험을 스스로 인지한 자는 그러한 우연의 결과도 수용할 수 있다고 보고 있으므로 그 연장선상에서 카지노업도 제한적으로 복합리조트 시설 내 다른 여가 즐길 거리 중에 선택을 할 수 있도록 도모하고 있다. 사행성은 이미 시대적 착오가 있는 개념으로 과잉적인 상습성을 가져오는 경우 규제의 대상으로 보고 규제의 목적이 타당한 경우에 국가가 접근 통제할 필요가 있다. 즉, 영리적 산업에서의 '무허가운영', 스스로 법률행위를 책임질 수 없는 단 19세 미만 '청소년에 대한 접근', 과도한 광고 등을 통한 '사기성 운영'에서 오는 민생의 침해와 같이 구체적 탈법 행위로 불법성이 추정되는 경우에만 이를 관리하며 이는 전문적인 기구가 필요하다.

제3장

일본 복합리조트와 카지노법

제1절 2단계 입법구조화

1. 불법에서 합법 논의로

일본은 전통적으로 「형법」 제185조(도박죄)를 근거로 카지노를 불법으로 간주해 왔다. 그러나 2000년대 들어 관광산업 활성화, 지역경제 회생, 국제 컨벤션 수요 확대를 위한 전략적 수단으로 카지노를 포함한 복합리조트(IR) 도입 논의가 본격화되었다. 특히 2020년 도쿄올림픽 개최와 외국인 관광객 4,000만 명 유치 목표가 맞물리면서, IR은 일본 정부의 국가적 아젠다로 격상되었다. 먼저 「IR 추진법」(2016년 제정)은 「특정 복합관광시설구역 정비 추진법」으로 국회가 처음으로 카지노를 합법화할 수 있다는 기본 방침을 선언한 법률이다. 도박죄의 예외로 특정 요건을 충족하는 카지노업을 허용할 근거를 마련했는데 법적 성격상 "기본법"에 해당하며, 구체적 제도 설계는 후속 입법에 위임했다. 제정 당시 여론은 찬반으로 크게 갈렸는데 찬성 측은 관광·경제적 효과를 강조했지만, 반대 측은 도박 중독·치안 악화·지역사회 파괴 등을 강하게 우려했다. 결국 여야 대립 속에 자민당·공명당·일부 야당의 지지로 통과되었다.

이후 「IR 정비법」(2018년 제정)은 「특정 복합관광시설구역 정비법」으로, 추진법을 토대로 한 실행법(Implementation Act) 성격의 법률이라고 할 수 있다. 그리하여 이 법은 복합리조트와 관련하여 다음과 같은 주요 내용을 포함하고 있다.

첫째, IR 구역 지정 절차로서 국토교통대신이 지자체의 신청을 받아 총리 승인으로 결정하는데 최초 3개 구역까지 지정 가능하다. 둘째, 사업자 면허 요건으로서 카지노 운영회사의 재무 건전성, 범죄 연루 여부, 운영 경험 등을 엄격히 심사한다. 셋째, 규제체계로는 카지노 관리위원회(독립적 규제기관) 설치, AML(자금세탁방지) 규제 강화, 내국인 출입 규제(입장료 부과, 주당 3회·월 10회 제한)한다. 넷째, 과세 구조는 카지노 총매출(GGR)에 대해 약 30% 과세, 중앙정부·지방정부가 절반씩 분배하기로 한다. 이 법을 통해 카지노 영업이 비로소 제도권 안에 편입되었고, IR 개발은 법적 기반 위에서 추진될 수 있게 되었다.

이때 가장 큰 일본의 쟁점은 관광·경제 활성화 논리와 사회적 비용에 대한 찬반론이었는데 정부·재계는 IR을 통해 일본이 아시아 MICE(회의·전시·컨벤션) 허브로 성장할 수 있다고 강조했으나 반대 진영은 도박 중독, 범죄 증가, 가족 붕괴, 지역 공동체 훼손을 우려했다. 그러나 정치적 타협과 절충이 거듭되어 공명당 등 여당 연정 파트너는 "도박 중독 대책"을 강하게 요구했고, 이 조건이 수용됨으로써 법안 통과가 가능했다. 이에 따라 입장료 제도, 출입 횟수 제한, 중독 상담 지원센터 설치 의무 등이 포함되었다. 이때 일본은 싱가포르, 마카오, 라스베이거스 모델이 일본 논의에서 자주 참조되었는데 싱가포르는 외국인 중심 운영, 내국인 입장 제한, 강력한 중독 대책을 병행하여 성공사례로 언급되었다. 일본도 이 모델을 상당 부분 수용했다.

2. 제정 이후의 분위기

　일본의 IR 법제화는 도박 금지라는 「형법」 원칙의 예외를 제도화했다는 점에서 큰 전환이었으며, 2000년대 초부터 약 15년에 걸친 정치적·사회적 논의의 산물이다. 특히 「IR 추진법」(2016)은 특정 복합관광시설구역에서만 할 수 있는 관광과 도박 관련 기본법으로 평가받고 있고, 「IR 정비법」(2018)은 사회적 갈등을 완화하면서 카지노업의 구체적 내용을 담은 2단계 입법 구조로 평가받고 있다

제2절 2단계 입법의 내용

1. 「IR 추진법(특정복합관광시설구역 정비 추진법, 特定複合観光施設区域の整備の推進に関する法律, 2016년)」

(1) 개요

2016년 12월 26일 공포된 「IR 추진법」은 제1장 총칙, 제2장 특정복합관광시설구역 정비 추진에 관한 기본 사항, 제3장 특정복합관광시설구역 정비 추진 본부, 부칙으로 구성되어 있다.

제1장: 법의 목적, 정의 등 기본 원칙, 제2장: IR 도입을 위한 기본 정책과 체계 규정, 제3장: IR 추진을 위한 정부 내 전담 조직 설치 규정 내용을 가지고 있다. 이 법은 IR 로드맵의 "기본법"에 해당하며, 카지노 운영 제도 자체보다는 IR 추진의 기본 원칙과 절차, 추진 체계 수립을 위한 법적 기반을 마련한 법으로, 실제 운영의 구체적인 제도는 후속 법률에서 다루도록 한 틀을 제공한다.

[표12] 「IR 추진법」 개요

제1장 총칙	제1조: 목적 제2조: 정의 제3조: 기본원칙 제4조: 정부의 책임 제5조: 법제도적 조치
제2장 기본사항	제6조: 국제경쟁력 있는 매력적인 관광지 조성 제7조: 관광산업 국제경쟁력 강화 및 지역경제 진흥 제8조: 지방정부 제안 반영 제9조: 카지노 관련자 규제 제10조: 카지노 시설 설치·운영 기준
	제11조 카지노 규제위원회 설치 및 역할
	제12조: 운영자에 대한 국가·지자체 부담금 징수 제13조: 입장료 징수
제3장 추진본부	제14조: 추진 본부 설치 제15조: 직무 제16조: 구성 제17조~19조: 본부장(총리), 부본부장, 구성원 제20조: 자료 제출 요청 등 협력 의무 제21조: 추진위원회 설치 및 운영 제22조: 사무국 제23조: 위임 규정

(2) 주요내용

1) 법체계와 추진 기본사항

「IR 추진법」은 총칙(제1~5조)목적·정의·원칙·국가책임 선언, 기본사항(제6~13조) IR의 정책적 방향, 카지노 규제의 원칙, 입장료 및 부담금 근거 마련, 추진본부(제14~23조) 국무총리 직속 추진본부 설치와 역할, 조직·협력 체계 규정으로, 크게 세 부분으로 나뉜다. 그중 법체계와 추진 기본사항의 내용은 총칙과 기본사항에 포함되어 있다.

제1장 총칙에서 제1조(목적) "이 법은 특정 복합관광시설구역의 정비를 종합적·체계적으로 추진함으로써, 일본을 국제적으로 매력 있는 관광국으로 만들고, 관광객 유치를 통해 국민경제의 발전에 기여하는 것을 목적으로 한다"라고 규정하여 IR 도입의 정책적 목표를 법적으로 선언하고 있다. 법의 목적을 명시한 조항으로, IR 도입이 단순히 카지노 합법화가 아닌 관광국가 전략의 일환임을 강조한다. '국민경제 발전'이라는 용어를 통해 국가산업정책 차원에서의 위상을 부여하였다.

제2조(정의)에서 "특정 복합관광시설구역"이란, 호텔·국제회의장·전시시설·엔터테인먼트 시설 및 카지노 시설을 포함하여 국제적 경쟁력을 갖춘 복합관광시설을 일정 지역에 정비하는 것을 의미하는데, 카지노를 도박죄의 예외로 처음 명시했다는 평가를 받았다. 호텔·컨벤션·엔터테인먼트 등과 함께 포함되어야 하므로, 단독 카지노가

아닌 복합관광시설 모델임을 분명히 한다. 제3조(기본원칙)는 "관광객 유치를 통해 국제경쟁력을 높이고, 지역 경제의 활성화에 기여해야 하고 도박 중독, 청소년 보호, 범죄 방지, 건전한 운영 확보 등 부정적 영향 방지를 반드시 고려해야 한다"라고 규정하는데 이와 같은 ① 관광객 유치와 국제 경쟁력 강화, ② 지역경제 활성화, ③ 도박 중독, 청소년 보호, 범죄 방지 등 부작용 방지를 명확히 법규정에 둔 것은 찬반 논쟁의 타협 산물이다. 찬성파가 강조한 경제적 효과와 반대파가 우려한 사회적 비용을 동시에 반영해 정책의 균형성을 법문에 담았다. 즉, 사회적 부작용 방지를 위한 헌법적 가치를 고려한 것이다. 제4조(국가의 책임)는 IR 정비에 관한 시책을 종합적·체계적으로 수립·실시해야 한다는 규정으로 국가가 정책 수립 및 집행의 주체임을 명확히 한다. IR사업을 지방정부 자율에만 맡기지 않고, 중앙정부 차원에서 총괄하도록 하여 국가 전략사업임을 선언하였다.

제5조(입법적 조치)는 국가는 IR 정비에 필요한 입법·재정상의 조치를 강구해야 한다고 하여 추후 정비법(2018) 제정을 예고하는 '모법적 선언' 조항이라고 해석된다. 이 규정은 후속 입법(2018년 정비법) 제정을 예고하는 '입법위임 선언'으로 해석하고 있으며 단순히 원칙만 두는 추진법과, 구체적 제도를 담는 정비법의 2단계 입법 구조를 가능하게 한 근거다.

제2장 특정 복합관광시설구역 정비 추진에 관한 기본사항은 제6조~13조에 규정하고 있는데, 제1절 기본정책으로서 제6조 국제경쟁력 있는 관광 거점 창출, 제7조 지역 경제 및 고용 창출 촉진, 제8조 지

방자치단체 의견 반영, 신청 및 계획 수립 과정에서 지자체의 자율성을 존중, 제9조 카지노 관련 사업자의 규제 원칙, 범죄 연루 방지, 투명성 확보, 제10조 카지노 시설의 설치 및 운영에 관한 기준 마련, 청소년 출입 제한, 영업 방식 규제규정을 포함한다.

국제경쟁력 있는 관광거점 형성(6조), 지역경제 및 고용 창출(7조), 지방정부 의견 반영(8조), 카지노 관련자의 규제 및 범죄 연루 방지(9조), 설치·운영 기준 확립(10조) 이 5가지 원칙은 IR법의 5대 원칙이라고도 볼 수 있는데, IR을 국가 전략거점으로 육성하되, 지방자치단체의 참여를 제도적으로 보장하였다. 또한 카지노 관련 범죄 가능성을 예방하기 위한 규제원칙을 명문화한 것으로 볼 수 있다. 제2장 제3절의 부담금 및 입장료(제12조~13조)에서 제12조는 사업자에게 국가·지자체 재정 기여를 위한 부담금 징수 가능, 제13조는 내국인 이용객에게 입장료를 부과할 수 있는 근거 규정이라 할 수 있다. 사업자로부터 국가 및 지자체 재정 기여를 위한 부담금 징수(제12조), 내국인 이용객에게 입장료 부과 가능(제13조) 이 두 규정은 사회적 비용에 대응하기 위해 부담금·입장료 제도의 법적 근거를 마련했다는 평가를 받고 있다. 이는 '카지노는 관광객 유치 수단이지만, 사회적 위험에 대한 비용은 사업자와 이용자가 부담해야 한다'라는 원칙을 반영한다.

2) 카지노관리위원회와 추진본부의 역할

제2절 카지노관리위원회(제11조)는 독립적 규제기관 설치를 선언

한 것인데, 이는 라이선스 심사, 영업 감시, 행정처분 등 권한 부여를 예정하는 규정이다. 독립적 규제기관 설치를 선언한 조항으르, 이후 정비법에서 구체화되었다. 규제위원회는 면허 심사, 영업감시, 처분권 등을 갖게 된다.

이와 함께 제3장 추진본부(제14조~23조)에서 제14조 내각총리대신을 본부장으로 하는 'IR 추진본부' 설치 규정, 제15조 본부의 임무로서 IR 정비 기본계획의 기획·조정·총괄, 제16조 본부 구성원, 국무대신, 관계 행정기관장 등 제17조~19조 본부장(총리), 부본부장(관계 장관), 구성원의 직무 규정, 제20조 관계 행정기관 및 지방자치단체에 대한 자료 제출 및 협조 요청 가능, 제21조 전문적 검토를 위한 'IR 추진위원회' 설치 가능, 제22조 본부 사무국 설치, 실무 담당 지원 규정, 제23조 세부 사항은 내각령에 위임의 근거를 가지고 있다.

먼저 카지노관리위원회는 일본 내각부 2018년 「IR 정비법」 제3조 위원회 규정에 따라 독립행정위원회 형태로 설치되었는데 나각총리대신의 관할 아래 두되, 독립성을 가지는 합의제 기관이다. 이 위원회는 위원장 1명과 위원 4명, 총 5명으로 구성되는데 국회 양원의 동의를 얻어 총리가 임명하며 임기는 5년, 재임은 가능하다. 이 위원회는 카지노사업자 면허 심사 및 취소, 영업 감시·감독, 행정처분, 자금세탁방지 감독, 도박 중독 예방 관련 규제 등의 업무를 맡는다.

한편 추진본부는 일본 내각 산하에 설치된 내각총리 직속 본부인 행정기관으로 2016년 「IR 추진법」 제14조~23조에 따라 본부장은 내각총리대신(총리)이고 부본부장은 관계 부처 국무대신(예: 국토교통대신, 재무대신 등)이라고 할 수 있다. 구성원들은 IR 관련 정책을 담당하는 주요 행정기관장들로 IR 도입 기본계획의 수립 및 조정, 관계 부처 간 정책 총괄, 지방자치단체와의 협력 체계 구축 기능을 담당한다. 그러므로 IR 추진본부는 내각총리 직속, 정부 전체의 정책기획·추진을 담당하고 카지노규제위원회는 내각부 소속 독립위원회(3조 위원회), 면허·감독·규제를 담당한다. 내각총리대신을 본부장으로 하는 추진본부를 설치한 것은 IR 정책을 국무총리 직속 사업으로 격상시켰다는 평가를 받고 있으며, IR 정책 추진을 총리 중심으로 하되, 경제·관광·재무·치안 등 관계 부처가 참여하는 범정부적 협의체로 설계되었다. 추진본부가 강력한 조정·집행 권한을 행사할 수 있도록 제도화하였다. 동시에 전문적 검토를 위한 위원회 설치 규정을 두어 정책결정의 합리성을 보완하였다.

2. 「IR 정비법(特定複合観光施設区域整備法, 2018)」

(1) 개요

　「IR 추진법」은 일본 카지노 합법화 과정의 제1단계로서, 국가적 정책 목표 선언, 사회적 위험 최소화를 위한 규제원칙 확립, 국무총리 직속 추진본부 설치라는 3가지 핵심 기능을 수행하였다. 이후 2018년 7월 하원통과가 되면서 2018년 「IR 정비법」을 통해 세부적 제도가 마련되었다. 그리하여 「IR 추진법」은 정치적 합의 형성의 틀로 기능한 법률로 평가된다. 그러므로 2016년 추진법 한계가 존재하는데 「IR 추진법」은 기본원칙과 추진체계만 규정하고, 구체적 제도 설계(면허, 과세, 규제)는 후속 입법에 위임한 형태였기 때문이다. 또한 국내외 압력이 계속되었는데 2020년 도쿄올림픽, 외국인 관광객 4천만 명 목표 달성 필요성, 마카오·싱가포르와의 경쟁 대응하여야 했다. 그 밖에 사회적 우려를 반영하여 도박 중독, 치안 악화, 자금세탁 문제에 대한 규제 필요성이 요구되었다. 그 밖에도 정치적 타협으로 여당(자민당·공명당)의 연립 합의 결과, 중독 대책과 규제 장치를 조건으로 법안이 통과되었다. 총 13장 240조에 달하는 이 법은 구체적으로 IT 허가에서 운영 전반에 걸쳐 카지노를 포함한 복합리조트업을 잘 관리한 법으로 인정받고 있다.

[표13] 「IR 정비법」 개요

장	주요 내용	
1장 총칙	제1조(목적) IR을 통한 관광 진흥·지역경제 활성화, 국제경쟁력 강화 명시. 제2조(정의) IR, 카지노사업자, 면허, 관리위원회 등 주요 용어 정의. 제3조~5조 기본원칙, 정부·지자체의 책임 규정.	
2장 정부 기본정책, 지자체 계획 수립	제6조 국토교통대신이 IR 기본정책을 수립. 제7조~10조 지자체가 지역 계획을 작성 → 국토교통대신에게 신청 가능. 제11조 최초 IR 지정은 최대 3개 구역으로 한정.	
3장 IR 설치 계획의 승인 절차	제12조~25조 지자체와 사업자가 공동으로 "실시계획" 작성 → 국토교통대신의 인증 필요.	인증 기준: 재무건전성, 범죄 연루 없음, 운영 경험, 지역 기여도.
4장 사업자 면허 요건과 절차	제26조~60조 라이선스 발급 요건: 자금세탁방지 능력, 범죄 경력 없는 경영진. 면허 취소·정지 사유 규정. 라이선스는 갱신제(일정 기간 후 재심사).	
제5장 영업 방식, 출입 규제	제61조~90조 영업 시간, 게임 규칙, 배당금 규제. 출입 규제: 내국인: 주 3회, 월 10회 제한. 입장료: 6,000엔. My Number 카드로 신원 확인. 미성년자(20세 미만) 출입 금지.	
제6장 중독방지 대책	제91조~110조 중독 방지 센터 설치. 자기제한(Self-exclusion) 및 가족제한 제도. 홍보·광고 규제.	

제7장 범죄 방지, AML 규정	제111조~130조 자금세탁방지(AML) 규정. 폭력단·범죄조직 관계자 배제. 공정거래 준수 의무.	
제8장 면적 제한, 구조 규제	제131조~150조 카지노 면적은 IR 전체의 3% 이하로 제한. 안전 기준 및 설계 규정.	
제9장 세율, 부담금	제151조~170조 총매출(GGR)의 30% 과세. 세수 배분: 중앙정부 50%, 지방정부 50%. 추가 부담금 규정.	
제10장 감독 권한, 보고·검사	제171조~190조 규제위원회의 영업 검사·보고 요구 권한. 위반 시 영업정지·면허취소 가능.	
제11장 규제위원회 설치·권한	제191조~210조 내각부 소속 독립위원회로 설치. 위원 5명, 국회 동의 필요. 권한: 면허 심사, 감독, 처분.	
제12장 잡규정~ 제13장 벌칙	제211조~220조 잡규정 (기타 절차적 사항).	제221조~240조 무면허 영업, 허위 보고, AML 위반에 대한 형사처벌. 벌금 및 징역 규정 포함.
경과규정	법 시행일, 경과조치, 관련 법률 개정 사항.	

(2) 주요 내용

「IR 정비법」은 일본에서 카지노 영업을 제도권에 편입시킨 실질적 근거법으로, 「IR 추진법」이 정치적·정책적 합의의 장치였다면, 정비

법은 구체적 규제·감독·과세 체계를 담아 실질적 운영을 가능하게 만들었다. 특히 ① 제한적 허용(3개 구역), ② 엄격한 면허·규제, ③ 중독 방지 대책이라는 3대 축이 특징이다. 제1조(목적)에서 이 법은 '健全な発展(건전한 발전)'이라는 수식어를 붙여 카지노 영업이 단순 수익사업이 아니라 관광산업 발전과 국가경제 기여를 위한 제한적 제도임을 강조한다. 「IR 추진법」(2016)의 선언적 성격을 넘어 구체적 규제 기반을 마련한 조항이라는 것을 명시하였다. 제2조(정의)에서 IR은 단독 카지노가 아닌, 호텔·컨벤션·엔터테인먼트 시설과 일체적으로 개발되어야 한다고 정의한다. "국토교통대신 인증"을 통해 국가 차원의 관리체계를 명문화하였다. 제27조 면허 규정에서 카지노 영업은 규제위원회 면허제로 엄격히 제한된다. 재무건전성, 범죄 연루 여부, 경영 투명성이 핵심 심사 기준이다. 이는 미국 네바다주나 싱가포르 모델과 유사하다. 제40조에서 면허는 취득 후에도 조건부 존속이며, 위반 시 언제든 취소될 수 있다. '행정적 신뢰관계'를 전제로 한 일본 특유의 행정법적 사고가 반영되었다. 제64조는 내국인 출입을 횟수 제한과 My Number 카드 인증으로 관리하는 내용이며 이는 싱가포르의 입장제한제도를 참조한 규정으로, 도박중독 예방과 추적 가능성 확보를 동시에 노린 것이며 일본식의 특유한 방식이 엿보인다. 제66조 입장료 규정은 외국인은 무료, 내국인에게만 입장료 부과로, 재정 기여와 중독 억제라는 이중 목적을 가진 장치임을 명확히 보여준다. 제95조(중독방지대책)는 '자가제한(Self-exclusion)' 제도를 의무화해, 이용자가 스스로 출입을 차단할 수 있도록 했다. 가족

신청제와 함께 일본 사회의 큰 논쟁 지점이었다. 제98조는 도박으로 인한 가족 피해 예방을 제도화한 조항이다. 개인의 자유와 가족 보호 사이의 법적 균형을 보여준다. 제152조 과세 및 부담금 규정에서 세율은 GGR의 30%, 분배는 국가·지자체 절반씩으로 지역과의 상생을 보여준다. 싱가포르(15~20%)보다 높고, 마카오(35%+)보다는 낮은 수준으로, 국제 경쟁력과 재정 수익 사이에서 절충한 수치다. 제200조의 규제위원회는 내각부 소속의 독립 합의제 기관으로 설치하여 공정거래위원회와 같은 "3조 위원회" 모델을 따랐다. 정치적 간섭을 최소화하고 규제 독립성을 확보하려는 취지다. 이 위원회의 핵심 역할은 제205조라고 볼 수 있는데, 사전(면허), 사후(감독·처분)를 모두 담당하는 강력한 규제 권한을 부여한다. 미국 네바다주 게이밍위원회와 유사한 기능이다. 제230조의 처벌 규정은 무거운데, 무면허 카지노 영업은 중대 범죄로 처벌된다. 형사처벌과 행정제재를 병행하여 억지력을 높였다. 제236조는 허위 보고 처벌 규정으로 행정감독 과정에서의 성실 보고 의무를 강제한다. 일본 행정법에서 흔히 보이는 '허위 보고 처벌' 조항이다. 「IR 정비법」(2018)은 일본 카지노 제도의 실질적 실행법으로, 제한적 허용(최대 3개 구역), 엄격한 면허제와 규제위원회 감독, 출입 제한·입장료·중독 방지 대책, 30% 세율의 과세 구조를 통해 '경제 효과'와 '사회적 비용 억제'의 균형을 도모한 법률이다.

제3절 우리나라 법의 시사점

1. 일본 법체계의 우수성

2016년 법은 정책적 기본 선언 및 제도 설계 방향을 확정한 "추진법" 성격의 모법이며, 실제 운영·면허·세제는 2018년 정비법으로 구체화되었다.

[표14] 「IR 추진법」과 「IR 정비법」의 비교

구분	「IR 추진법」	「IR 정비법」
성격	기본법	실행법
구성	3장 +부칙	13장 +부칙
초점	원칙·목적·본부 설치	면허·운영·규제·과세
제정취지	합법화 선언	제도권 편입

일본 법은 복합리조트의 정의를 명확히 가지고 있는데 카지노를 핵심으로 하되, 호텔·컨벤션센터·엔터테인먼트시설·쇼핑몰·관광자원 등을 결합한 대규모 관광거점으로 삼는다. 복합리조트 내 카지노 면적과 비카지노 면적과의 균형을 위해 카지노 면적 제한을 명확히 법

제화하였는데 IR 내 카지노 면적을 IR 전체의 3% 이하로 제한하였다. 규제기관으로서 카지노관리위원회(총리 직속 5인 독립기관)를 설치하여 사업자 면허를 심사하고, 준법감시, 자금세탁방지(AML) 감독을 담당한다. IR 운영사업자는 국가의 인가와 지방자치단체의 협력하에 선정되는데 사업자와 지방정부가 공동으로 신청하며, 국가가 최종 승인한다. 사업자는 면허 기간 동안 IR 전체를 관리·운영하며, 카지노 운영권을 부여받으며 IR 지역 지정 수는 전국에서 최대 3개 지정, 5년 후 면허 재검토, 7년 후 지역(IR 구역 승인)을 재검토할 수 있다. 우리나라와 같이 특정한 경제자유구역이거나 제주, 폐광지역이 아니라고 하더라도 지방자치단체의 장에게 허가를 받아오면 IR 지역으로 선정되는 데 큰 문제가 없다. 그리하여 일본인에게만 6,000엔을 부과하여 국가·지자체가 반반 배분하도록 법적으로 규정하였다. 이 법은 IR 운영의 구체적인 규제 및 체계(카지노 규제, 사업자 면허, 규제위원회 구성, 과세, 출입 관리 등)를 담고 있으며 출입 제한 및 신분 확인제도에 있어 일본인 대상 주당 3회·28일간 10회까지 방문 가능하며, My Number 카드로 신분을 확인하도록 한다. 다만 가족의 요청에 따라 출입 제한 가능하며, 도박중독 예방 프로그램을 의무화하고 있다. 세율 및 과세 구조는 총매출(GGR)의 30%를 세금으로 부과하는데 이러한 카지노 수익에 대한 30% 고정세율 부과의 특징을 가진다.

카지노를 단순 도박시설이 아닌, 관광·MICE·레저·문화가 융합된 "종합관광산업"의 일부로 제도화하고 내국인 규제를 강화하여 사회적 수용성을 확보하려는 장치가 뚜렷하며 국가와 지방자치단체가 함께 추진하는 공공-민간 파트너십 구조가 존재한다. 그러나 도박중독 우려와 지역사회 반발이 여전히 크며 코로나19로 인해 초기 IR사업자(라스베이거스 샌즈 등)가 철수하는 등 유치 지연되는 모습도 존재하였으며, 현재는 오사카, 나가사키 등이 IR 유치 승인을 받았으나, 완공까지 재정·정치적 난제가 많다는 평가를 받고 있다. 일본의 복합리조트와 카지노법 체계는 2016년 「IR 추진법」에서 2018년 「IR 정비법」이라는 2단계 입법 과정을 거쳐 확립되었으며, 카지노업을 합법화하면서도 엄격한 내국인 규제, 중앙-지방 공동관리, 강력한 규제기관 설치를 특징으로 한다. 일본 모델은 카지노를 단순 도박산업이 아닌, 국가 전략적 관광 인프라로 포지셔닝한 대표 사례라고 평가된다.

2. 우리나라 법 정비의 필요성

우리나라의 카지노업 법제는 「관광진흥법」을 중심으로, 「폐광지역법」, 「경제자유구역법」, 「제주특별법」 등의 특례 규정이 결합된 다층적 구조를 가진다. 기본적으로 카지노업은 관광사업의 일부로 문화체육관광부 장관의 허가를 받아야 하며, 외국인 전용 카지노로 제한된다. 다만 강원랜드는 내국인 출입이 허용되는 특례를 가지며, 제주도 역시 「제주특별법」에 따라 도지사가 카지노 허가·관리 권한을 위임받고 있다. 이러한 구조는 카지노업을 관광산업의 일환으로 관리하면서 동시에 사행산업의 폐해를 최소화하려는 규제 중심적 접근이 특징이다. 반면 일본은 2단계 입법을 통해 카지노를 제도권에 편입시켰다. 2016년 「IR 추진법」은 카지노 합법화의 기본 방침을 선언하고, 2018년 IR 구현법은 구체적인 운영 체계를 마련하였다. 일본은 카지노를 독립 산업이 아닌, 호텔·컨벤션·엔터테인먼트·쇼핑·관광시설을 아우르는 복합리조트(IR) 속에 포함시켰으며, 카지노는 전체 면적의 3% 이내로 제한된다. 규제기관으로는 총리 직속의 독립위원회인 카지노관리위원회를 설치하여 면허 심사·감독·자금세탁방지 업무를 맡기고 있다. 내국인의 출입은 제한적으로 허용하되, 주 3회·월 10회 규제와 입장료 부과, 가족 요청에 의한 출입 제한 제도를 도입하는 등 사회적 수용성을 높이려는 장치를 마련했다. 결국, 우리나라는 "규제 우선, 관광산업 보완" 모델이고, 일본은 "관광산업 전략, 규제 병행" 모델이라 할 수 있다. 한국은 카지노업을 관광진흥의 일부로만 취급하여 사회적 폐해 방지에 초점을 두는 반면, 일본은 카지노를 국가 전략적 복합관광 인프라로 활용하면서도 강력한 규제 장치를 병행하는 이원적 방식을 채택하고 있다.

[표15] 우리나라와 일본의 법 비교

구분	우리나라	일본
기본법	「관광진흥법」(카지노업 = 관광사업의 하나)	「IR 추진법」(2016) + 「IR 정비법」(2018)
허가체계	문화체육관광부 장관의 허가 (제21조)	국가가 지방자치단체와 공동 신청한 IR 구역만 승인, 국무총리 직속 카지노관리위원회가 면허 부여
입지요건	국제공항·항만 소재 광역단위 지역 또는 관광특구 내 특 1급 호텔 부대시설	최대 3개 IR 구역, IR 전체 면적의 3% 이내에서 카지노 허용
내국인 출입	원칙적으로 금지(강원랜드만 예외, 「폐광지역법」)	제한적 허용(주 3회·월 10회, 입장료 6,000엔 부과)
사회적 규제	- 내국인 출입 금지 - 19세 미만 출입 금지 - 사행성 조장 광고 금지 - AML 규제	- 내국인 입장 제한·입장료 - 도박중독 예방(가족 신청 시 출입 제한) - AML 규제
감독기관	문화체육관광부(중앙), 제주도지사(「제주특별법」), 경제자유구역청	카지노관리위원회(독립 규제기관, 국무총리 직속)
과세, 기금	관광진흥개발기금, 법인세, 특별부담금(강원랜드는 지역개발기금 추가 납부)	카지노 수익의 30% 고정세율, 국가·지자체 분배
정책목표	관광산업 진흥, 외화 획득, 지역균형 발전(폐광지역 지원·제주 자유도시 등)	외국인 관광객 유치, 지역경제 활성화, 국제 MICE 경쟁력 강화

3. 불법자금세탁과 세금의 문제

일본의 카지노업(IR 제도)과 「특정금융거래법(特定金融取引に関する法律, 흔히 AML/CFT 관련 법률)」은 크게 자금세탁방지(AML: Anti-Money Laundering)·테러자금조달방지(CFT: Counter Financing of Terrorism)라는 축에서 맞물리게 된다. 카지노는 현금 다액 거래, 칩 교환, 환전 등이 빈번하게 발생하는 산업으로, 전 세계적으로 자금세탁(high-risk sector) 업종으로 지정된다. FATF(자금세탁방지 국제기구) 권고에서도 "카지노·게이밍산업"을 금융기관과 동일하게 자금세탁방지 규제 적용 대상으로 분류한다. 일본은 「IR 정비법」(2018) 제7장(Art.111~130)에서 카지노사업자에게 불법자금세탁, 테러자금조달방지 의무를 부과한다. 즉, 고객 확인의무(CDD: Customer Due Diligence)와 의심거래 보고, 기록 보관의무(7년 이상) 등이 포함된다. 「특정금융거래법(2007, 자금세탁방지법, 犯罪による収益の移転防止に関する法律)」은 은행, 증권사, 보험사뿐 아니라 카지노사업자도 '특정사업자'로 지정하여 불법자금세탁, 테러자금조달방지 의무를 부담시킨다. 카지노 규제위원회가 면허·감독 권한을 가지고, AML 관련해서는 금융청·경찰청과 협력체계를 가진다. 즉, 카지노 칩을 현금화하는 과정에서 범죄자금이 '합법적 수익'으로 위장될 수 있기 때문에, 모든 칩 구매·환전 거래에 대해 고객확인의무가 적용된다. 또한 일정 금액(예: 100만 엔 이상) 거래 시 보고 의무가 발생하는데 외국인 고액 고객(VIP Room)도 국제 자금

세탁방지 기준에 따라 모니터링 대상이다. 우리나라도 「특정금융거래정보법」(특금법)에서 "카지노사업자"를 보고의무자로 지정하며 강원랜드, 외국인 전용 카지노 모두 고객확인·의심거래보고 의무를 진다. 일본 역시 한국과 마찬가지로 자금세탁금지 일반 법률 + 카지노 특별법을 결합하는 이중규제 구조를 채택한 셈이다. 그리하여 일본은 ① 일본 「IR 정비법」의 AML 조항(제111~130조)과 ② 일본 「특정금융거래법(범죄수익이전방지법, 特定金融取引法)」의 규율 내용상 카지노사업자의 의무가 명확히 IR법에서 드러난다.

우리나라도 일본과 같이 복합리조트법을 만들 때 관련 의무규정을 추가하여 거래 단위 중심으로 명확히 보고의무를 정의할 필요가 존재한다.

[표16] 「IR 정비법」 이후 카지노사업자의 자금세탁방지의무 규정

구분	「IR 정비법」 (2018, 제111~130조)	「특정금융거래법 (2007, 범죄수익이전방지법)」	특징
적용대상	IR 내 카지노사업자 (면허 받은 자)	금융기관, 증권사, 보험사, 부동산업, 카지노업 등 '특정사업자'	카지노업은 양쪽 모두 적용
고객확인	113~115조 칩 구매, 환전 시 고객 신원확인의무	제4조 거래 시 실명·주소·생년월일 확인	IR법은 거래 단위 중심, 특금법은 광범위 적용
의심거래 보고	120조 카지노사업자는 이상 거래 발견 시 규제위원회에 보고	제8조 금융정보분석원(FIU)에 보고 의무	보고 대상 기관만 다름, 본질은 동일

거래기록 보관	118조 고액 거래 내역 5년 이상 보관	제6조 고객확인·거래기록 7년 보관	보관 기간은 특금법이 더 엄격
자금세탁 방지 내부 통제	122~126조 내부 규정·직원 교육·감사 체계 마련 의무	제11조 내부 규정, 담당자 지정 의무	구조는 유사, IR법은 카지노 특화 규정 포함
규제감독 기관	카지노관리위원회(내각부 소속 독립위원회)	금융청·경찰청, 금융정보분석원	이원적 감독 체계
제재	면허 정지·취소, 영업정지 (행정처분 중심)	벌칙(과태료, 형사 처벌)	제재방식 차이 존재

한편 일본은 「특정금융거래법」(AML 일반법)과 「IR 정비법」(카지노 특별법)을 이중 적용한다. 즉, 카지노사업자는 금융기관과 동일한 AML/CFT 의무를 부담하면서, 동시에 IR법상 특별규제를 추가로 받는다. 우리나라도 특금법과 「관광진흥법」 병행하는 구조와 유사하다고 보아야 한다.

카지노사업자의 세금과 관련하여 일본은 「IR 정비법」상 카지노 총매출(GGR: Gross Gaming Revenue)의 30% 고정세율을 부담하고 세수 배분을 중앙정부 50%, 지방정부 50%가 나누어 가지게 추가적으로 내국인 입장료(6,000엔)를 징수한 것 역시 절반은 국가, 절반은 지자체 귀속으로 운영된다. 그러나 우리나라는 관광진흥개발기금 부담금 10%(카지노 매출액 기준)와 법인세(약 25%, 손익 기준), 지방세, 기타 세금을 적용하는 복잡한 방식으로 되어 있다. 강원랜드는 내국인 출입이 가능하며 외국인 전용 카지노(16곳)는 관광진흥기금 부담금과 법인세 구조로 세금을 내고 있다. 일본의 경우 30% 고정세율은 매출기준 과세라 적자여부와 무관하게 세금을 부과하고 법인세 별도 부과 없으므로 사실상 "특별 카지노세" 성격이라고 볼 수 있다. 그러나 우리나라는 매출 10%와 이익기준의 법인세를 내야 하므로 영업이익이 낮을 경우 실효세율이 30% 미만일 수 있다. 그러나 흑자가 크면 총부담률은 35% 이상까지 상승 가능하다. 이에 대해 평가해 보면 영업이익률이 낮거나 불안정한 경우에는 우리나라의 기금 10% + 법인세 쪽이 더 유리할 수 있는데 이는 적자 시 세 부담이 줄어들기 때문이다. 그러나 영업이익률이 매우 높은 경우에는 일본(30% 고정세율)이 더 예측 가능성이 높고, 추가 과세가 없으므로 유리할 수 있다. 그리하여 우리나라는 변동적이고 일본은 고정적이라는 차이가 존재하고 안정적 고수익 구조에서는 일본이 보다 유리하다는 카지노사업자의 판단이 있을 수 있다. 또한 변동성 크고 적자 가능성이 존재하는 상황에서는 우리나라가 더 유리하다. 예를 들어 코로나19와 같이 특정 상황에서는 우리나라 카지노사업자들이 더 버틸 수 있었다는 판단도 존재한다.

4. IR 경쟁국으로서의 일본

일본에서 대표적인 복합리조트(IR)사업자로 승인된 곳은, 오사카 유메시마에 조성 중인 MGM 오사카(Osaka IR)를 담당하는 MGM Resorts International과 ORIX 그룹의 컨소시엄이다. MGM 오사카는 미국의 대표 카지노 운영기업 MGM Resorts International과 일본의 대표 재계 기업 ORIX 그룹이 각 40% 출자하는 형태로 구성된 컨소시엄이 사업을 주도하고 있는데, 오사카 인공섬 유메시마(Yumeshima)에 조성 예정인 일본 최초의 IR이다. 약 1.27조 엔(약 90억 달러) 규모의 대형 복합 개발로, 호텔, 컨벤션, 엔터테인먼트, 리테일, 카지노 등 다기능 시설을 포함하는데, 2025년 4월 착공되었으며, 2030년 가을 개장을 목표로 공사가 진행 중이다. 정부는 최대 3개까지 허가하는 IR 라이선스 가운데 단 한 개만('첫 번째') 승인된 상태이다. 추가 IR 인허가 절차는 향후 수년 내에 진행할 계획이며, 요코스카 등 인근 지역이 후보지로 거론되고 있다. 이 경우 일본에게 그나마 있던 우리나라 IR 외화 수익에 상당한 타격을 줄 것으로 예상되며, 일본은 현재 연간 약 1,060억 엔(약 7,400만 달러) 규모의 세수 기대치와 지역 영향력이 예상된다. 특히 빠른 시일 내에 우리나라도 내국인 카지노에 대한 정책을 바꾸지 않으면 일본의 외화 유입은 우리나라의 관광호감도가 높은 우리나라 국민이 대다수 제공할 확률이 높다. 승인된 IR이 단 한 곳이라는 점에서, 향후 추가 라이선스 절차와 사업자 확대에 관심이 집중되고 있다.

제4장

싱가포르 복합리조트와 카지노법

1. 개요

 싱가포르는 1960년대 이후 카지노를 전면 금지했으나, 2000년대 들어 관광산업 경쟁력 강화와 외국인 고액 관광객 유치를 위해 정책 전환하였다. 2005년 정부가 복합리조트(IR: Integrated Resorts) 형태로 카지노 도입을 발표한 뒤 2006년 「카지노 통제법(Casino Control Act)」을 제정하여 대표적 IR인 마리나 베이 샌즈와 센토사 리조트가 2010년에 개장하여 성공리에 운영되고 있다.

 2006년 「카지노 통제법」의 주요목적은 ① 카지노 운영의 건전성 확보, ② 자금세탁방지(AML)와 범죄 연루 차단, ③ 도박중독 예방 및 사회적 부작용 억제, ④ 관광산업 경쟁력 강화와 국가 재정 기여 라고 할 수 있다. 그리하여 「카지노 통제법」으로 설치되었던 카지노 관리국(CRA: Casino Regulatory Authority)은 일본의 MGM 오사카 이후 2022년에 전면 개편하여 도박규제청(GRA: Gambling Regulatory Authority)으로 그 위상을 높였다.

 싱가포르 도박규제청은 면허 발급 및 취소, 카지노 영업 감독, AML 규제 집행, 중독 방지 정책 관리를 하는 곳으로, 카지노 운영은 국가 면허제로 엄격히 제한하고 싱가포르에는 현재 2개 IR에만 허용(MBS, Sentosa)하여 신규 면허 발급은 사실상 금지하고 있는 독점적 라이선스 구조를 유지하고 있다.

 내국인에 대해서는 일본인 만 19세로 규제하는 반면 21세 이상만 출입 가능하도록 하였고, 입장료 부과는 하루 SGD 150 또는 연간 SGD 3,000로 하였는데 이는 자국민의 중독 보호 목적으로, 외국인은 무료 입장이 가능하다. 다만 출입 제한 제도가 존재하여 자가 배제(Self-exclusion) 제도로 본인이 신청하거나, 가족 배제(Family exclusion) 제도로 가족이 신청 가능하고, 정부 강제 배제(Order by authority) 제도로 도박중독 위험군을 정부가 직권으로 배제가 가능하다. 싱가포르는 카지노사업자에게 금융기관과 동일한 자금세탁방지의무와 테러자금활용방지의무 규제를 적용하여 고객확인의무, 고약현금거래보고의무, 의심거래보고의무, 거래기록보관의무를 지도록 하고 있다.

　세금은 카지노 GGR(총매출) 기준 과세로서 일반 고객은 15% 과세의무가 있고 VIP, 고액 고객은 5% 과세로 시작하여 2019년 이후 단계적 인상하여 현재 8~12% 과세의무를 져서 VIP 고객을 따로 관리하는 것을 합법화하고 있다. 세수는 국가 재정 및 사회복지, 중독치료 재원으로 사용한다고 항목을 규정하였다. 또한 무면허 영업, 미성년자 출입 허용, 자금세탁방지의무 위반 등에 대해 형사처벌과 과징금 부과하는데, 싱가포르는 세계에서 가장 엄격한 카지노 규제 국가 중 하나로 평가된다. 싱가포르의 이러한 이중 전략은 관광산업 진흥과 내국인 보호 모두를 꾀한 법으로 평가받고 있으며 강력한 규제기관인 도박규제청(GRA)은 행정·감독·처벌 권한을 통합하여 일본의 선정과 관리 등의 여러 나뉜 분과와 달리 보다 강력한 일원화 거버넌스의 힘을 보여준다. 입장료·출입 제한제도는 사회적 합의 도출의 핵심 장치로서 카지노업이 문제 될 때 사회적 합의로 포용될 수 있음을 보여주고 소수 라이선스 정책을 통해 관리 용이성, 국가 통제력 강화의 면모를 보여주었다.

2. 「카지노 통제법」(2006)의 내용

「카지노 통제법」 제1조는 법률 명칭 및 시행일 설정, 제2조는 'casino', 'casino operator', 'integrated resort' 등 핵심 용어 정의를 규정한다. 그리고 3장의 카지노 허가에 대해서는(제49~56조) 제49조에 카지노사업 면허 발급 및 거부, 제50조 면허 조건 수정 가능, 제51조 카지노 시설 범위 정의, 제52조 면허 기간 규정, 제53조 면허 이전·담보 설정 가능, 제54조는 징계 조치 규정, 제55~56조는 면허 포기 및 철회 등 규정이 있다. 4장은 카지노 관리자의 감독과 통제로서 총 57조에서 71조까지 규정되어 있는데, ① 감독 및 조사 권한으로 57조, 운영자가 지시 가능한 제58~63조 정보제출 및 지속적 감시 규정이 있다. ② 대주주·지분 통제 규정인 제64~71조에는 지분규제, 승인 요건, 처벌 규정이 있다. 5장은 카지노 업무담당자 규정으로 제79~97조에 있어 카지노 업무 담당자('특별 직원') 면허제도, 면허신청, 조건, 갱신, 취소, 직원정보제공의무 등이 규정되어 있다. 6장은 카지노 운영규정으로(제99~114조) 게임 운영 기준으로서 레이아웃, 게임 승인, 장비 규격 등과 게임 방식으로서 승인된 게임 방식 및 규제, 그 밖의 기타 규제, 자동 현금 입출금기(ATM) 금지, 정크엣(junket) 규제, 고객 분쟁 해결 절차를 포함한다. 7장은 카지노 입장과 관련하여(제115~127조) 입장 조건, 입장료(Entry Levy) 제도, 강제·자가·가족 배제(Self-exclusion) 제도, 미성년자 출입 제한을 포함한다. 그 밖에 제130~137조에는 미성년자(21세 미만) 카지노 출입 금지 및 증명 의무 규정과 내부통제 규정(제138~141조), 즉 내부통제시스템승인의무(보안·회계 등 시스템 설계 및 유지) 등이 규정되어 있다. 벌칙대상으로는 무면허 운영, 미성년자 출입 허용, 입장료 회피 등에 대한 행정 및 형사 제재 규정(과태료 및 과징금 포함)이 존재한다. 문서 위변조 처벌이 강화되었고, 유효 라이선스 이후의 규제 책임을 유지하는 부분과 대주주·통제주주 규제 강화, 승인 절차 이관 등 입장료 규격 명문화 및 과거 과징금을 정식화하였다.

싱가포르의 법제는 종합 규제 체계를 가지는데 사업자·직원 면허, 내부통제, 출입제한, 사회적 안전장치까지 포함한 집중 규제 구조라고 할 수 있다. 사회적 보호 장치에 있어 입장료 제도, 자기/가족/정부 배제 제도가 존재하고 미성년자 출입 통제 등으로 국민 보호 우선형 모델을 구현하고 있으며 규제기관을 중심으로 하는 전문관리가 특징으로, 독립된 규제기관(CRA → GRA)이 면허부터 감독·벌칙까지 모두 전담하는 형태이다. 2024년 개정을 통해 규제 강화 및 시행현실 반영되었는데 대부분 관련 규정은 벌칙에 관한 부분이다. 싱가포르 법은 강력한 규제 + 사회적 안전망 병행 모델로, 다른 국가의 카지노 입법에도 매우 유의미한 점을 제시해 준다.

[표17] 「카지노 통제법」의 주요 내용

구분(Part/조항)	주요 내용 요약
Part III(제49~56조, 카지노 면허제도)	제49조: 면허 발급 및 거부 요건 제52조: 면허 기간 설정 제54조: 징계·정지 조치 근거 제55~56조: 면허 포기·철회 절차
Part IV(제57~71조, 운영자 감독)	운영자에 대한 정보 제출, 지시권 대주주 지분 취득 제한 및 승인 절차
Part V 카지노 종사자 허가(제79~97조)	면허 신청, 조건, 발급, 갱신, 취소, 신원확인 등 규정 카지노 딜러·감독관 등 특정 직원 면허제도
Part VI 카지노 운영 (제99~114조)	1. 카지노 레이아웃, 승인된 게임·장비 기준 규정(제99~104조) 2. 보안·현금관리·ATM 금지 및 정크엣(junkets) 규제(제105~110조) 3. 고객 분쟁 해결 절차(제111~114조)
Part VI 입장규제 (제115~127조)	입장조건, 입장료 부과(Entry Levy), 검사관 진입권, 자기제한(Self-exclusion) 및 제외명령 제도 규정(제120~127조) 제120~127조: 내국인 입장료(하루 SGD 150, 연간 SGD 3,000), 자기·가족·정부 배제제도
Part VI 금지행위 (제129조)	카지노 내 금지 행위 규정(예: 부정행위, 특정 행위 등)
Part VII 미성년자 (제130~137조)	미성년자 출입 금지, 증명 서류, 표시의무 등 관련 규정 21세 미만 출입 금지 위반 시 사업자·보호자 모두 제재
Part VIII 내부통제 (제138~141조)	카지노 운영자는 회계·보안 통제 시스템을 규제기관 승인 하에 설치해야 함. 내부통제 시스템 승인 의무, 은행 및 회계 체계 규정 포함

Part IX(벌칙 규정)	무면허 영업, 미성년자 출입 허용, 입장료 회피, 자금세탁 의무 위반 시 형사처벌 및 과징금 부과
* 2024년 개정 부분	대주주 승인 요건 강화 입장료 제도 위반에 대한 처벌 강화 AML 관련 자료 은폐 시 제재 규정 신설

    2006년 「카지노 통제법」에서 가장 혁신적인 부분은 규제 기관 설립 및 권한으로 CCA는 Casino Regulatory Authority(CRA)를 설립하여 면허 발급, 운영 감독, 위반 조사 등의 권한을 부여했다. 이후 2022년에 Gambling Regulatory Authority(GRA)로 확대 개편되었다. 우리나라 역시 일본 1개, 싱가포르 2개인 데 반해 17개나 되는 카지노가 있음에도 전문성이 없는 문화체육관광부가 관리감독을 모두 담당하거나 사행산업감독위원회가 사행산업으로 접근하는 것은 매우 구시대적인 접근으로 보인다.

    다른 국가인 미국, 캄보디아, 필리핀 등 복합리조트와 상관없이 카지노법 자체를 허가해 주는 국가에서도 카지노업에 대한 전문성은 이미 예전부터 인정되어 와서 행정부 주무부처가 직접 관리 통제하는 일은 존재하지 않았다.

    또한 내국인을 복합리조트 내에서 엄격하게 금지하는 부분도 다른 국가에 비해 이례 없는 일이라고 할 수 있다. 이는 17개나 되는 카지노업이 경쟁하는 구도에서 오직 외국인에게만 의존해야 하는 구조로 우리나라의 카지노 이용 인구는 해외에 나가야만 되는 그릇된 구조를 만들었다. 이미 싱가포르의 선진입법을 10여 년 뒤 따라잡은 일본도 입장료·미성년자 보호 등의 규정을 가지고 접근하고 있다. 그리하여 2006년 「카지노 통제법」은 싱가포르 국민 또는 영주권자에게 하루 또는 연간 입장료를 부과하고, 21세 이상만 입장 가능하도록 규정한다. 또한 자금세탁의무 금지, 크레딧 제공 제한, 자기제한·가족 제한 제도를 명문화하고 있어 카지노업자의 모든 의무를 한데 모았으며 이는 일본 법이 모방하는 입법이 되었다. 2024년 싱가포르는 「카지노 통제법」을 일부 개정하였는데 입장료 관련 위법행위(허위문서 제공 등) 처벌 강화, 자료은폐금지, 자금세탁금지와 관련한 대응 정보공유의무 신설 등 주요 조치가 포함되었다.

그러므로 싱가포르의 5개 주요 「카지노 통제법」 내용은 ① Part V 카지노 직원에 대한 면허 체계 확립, ② Part VI 게임, 레이아웃, 보안, ATM 금지, Junket 규제까지 포괄, ③ Part VI Div. 4 내국인 출입료, 자기, 가족, 정부 제외 제도, ④ Part VII 미성년자 출입 철저 금지, ⑤ Part VIII 회계·보안 시스템 엄격한 내부통제로 구성되는 카지노의상업 운영과 사회적 보호 간 조화를 이룬 법적 모델로 평가받고 있다. 내국인을 대상으로 하는 출입 규제, 엄격한 내부통제, 독립된 규제 기관을 통해 건전한 카지노 환경 구축을 법제적으로 실현한 점이 특징이다.

3. 우리나라에 주는 시사점

2000년대 초 싱가포르는 아시아 금융·물류 허브로 성장했으나 관광산업 경쟁력에서 마카오·홍콩 등에 뒤처졌는데 정부는 복합리조트 도입을 통해 외국인 관광객을 체계적으로 유치하고 MICE 산업 활성화를 추진하였다. 이때 사회적 반대와 타협을 거듭하면서 전통적으로 도박은 사회적 해악으로 인식해 내국인 보호 대책 필요의 목소리가 높았는데, 카지노 합법화를 허용하면서도 강력한 규제와 사회적 안전망을 병행하기로 결정하였던 것이다. 2006년 「카지노 통제법(Casino Control Act)」제정으로 규제기관인 카지노관리위원회가 도박규제청으로 자리 잡으면서(Casino Regulatory Authority, 2022년부터 GRA) 면허제도, 입장료·출입제한, 자금세탁금지의무 등을 명문화한 입법이 되었다.

싱가포르는 내국인 입장료·횟수 제한하고 자금세탁의무와 테러자금방지의무 등 카지노업 관리에 있어 세계 최고 수준이며, 세율은 15~22%대로 비교적 낮다. 일본은 30% 고정세율, 3개 구역 제한, 내국인 출입 횟수·입장료 제도 도입에 있어 싱가포르 모델을 전격 차용하였는데 우리나라는 내국인 출입 허용은 강원랜드 1곳뿐, 외국인 전용 카지노 다수인 반면 전문성 있는 관리기구가 아닌 문화체육관광부와 여전히 과거식 규제 접근인 사행산업으로 인식하고 있으며, 사행산업통합감독위원회가 운영하고 있다. 관광진흥기금(10%)과 법인세 구조로 되어 있어 중앙정부에 모두 귀속되어 지방정부는 별도의 조례 제정 등을 통해 카지노업에서 세수를 확보하고자 하는 움직임이 최근 보이고 있다.

싱가포르의 「카지노 통제법(Casino Control Act)」(Cap. 33A, 2006)은 "강력한 규제와 사회적 안전망을 전제로 한 제한적 합법화 모델"로 약 14개 Part, 200여 조문으로 구성되며, 일본 「IR 정비법」 규모만큼의 법제로 구성되어 있다. 일본 「IR 정비법」은 면허, 운영규제, 입장제한 및 보호장치, 자금세탁 및 테러자금활용방지 규제, 내부통제, 처벌규제 등 상당 부분이 싱가포르 제도를 벤치마킹했으므로 일본이 벤치마킹하지 않은 카지노 종사자 관리와 일원화된 행정청 등 일부 제도를 잘 참고할 수 있을 것이다. "허용하되 엄격히 규제" 원칙을 지키는 싱가포르 복합리조트와 카지노법은 경제 활성화와 사회적 부작용 억제를 동시에 달성할 수 있을 것이다. 또한 내국인 보호에 있어 입장료, 출입 횟수 제한, 가족·정부 배제 제도로 사회적 합의를 확보하고 독립적 규제기관인 CRA를 2022년 GRA로 개편하고, 라이선스·감독·처벌 권한을 집중한 것도 우리나라 역시 전문성 기구 발족을 고려해야 하는 부분으로 보여진다. 자금세탁과 테러자금방지 부분에서는 최상위 수준의 투명성을 도모하여 금융기관 수준의 고객확인의무, 의심거래보고의무, 고액현금거래보고의무를 규정하고 있다. 우리나라도 무조건적으로 내국인 출입 관리에 있어 보수적 정책만을 할 것이 아니라 사회적 부작용을 관리하고 집중하며 싱가포르처럼 입장료·출입 제한 제도를 병행하면 수용성 제고가 가능하다. 특히 현재 금융정보분석원, 문화체육관광부, 경찰, 사행산업통합감독위원회 등 분산되어 있는 법제에 대해서는 전담 규제위원회가 필요하고, 세수에 있어서는 지방자치단체와 정확히 반씩 나누는 체계 도입을 통해 카지노업 인식을 개선할 필요가 존재한다. 특히 외국인 VIP 룸 도입으로 전용고객에게 과세를 차별하는 싱가포르의 사례나 칩 교환 등 고위험 거래에 대해 집중 규제를 하는 싱가포르식 방식에 대해서 사회적 논의가 필요하다. 또한 사회 환원 제도를 규정하여 싱가포르는 세수 일부를 중독 예방·사회복지 재원으로 환원하는데, 우리나라도 관광진흥기금을 목적세화하여 중독 치료·지역 지원으로의 재편이 절실하다. 싱가포르 「카지노 통제법(Casino Control Act)」은 IR 합법화 모델의 전형으로, 엄격한 규제기관 체계, 내국인 보호장치, 국제 기준 수준의 자금세탁금지의무 규제, 세수의 사회 환원을 통해 '관광 진흥과 사회적 안전망'이라는 균형을 달성하였다.

제5장

우리나라 복합리조트와
카지노법의 미래

1. 복합리조트 단일법의 필요성

(1) 명확한 법령 위임의 필요

복합리조트 유치 및 허가 절차와 관련하여 우리나라는 '복합리조트 개발 사업계획 공모'에 따라 공고하고 공모 지침에서 규정한 일정 기준을 갖춘 민간사업자를 대상으로 허가를 부여하는 방식의 정책을 추진해 왔다. 문제는 이 공모 지침이 '카지노업'에 대한 근거일 뿐 '복합리조트'의 근거로는 보기 어렵다는 데 있다. 근거법령인 「관광진흥법」 제21조의2에서 카지노업의 신규허가 공고대상이 "1. 허가 대상 지역, 2. 허가 가능업체 수, 3. 허가절차 및 허가방법, 4. 세부 허가기준, 5. 카지노업의 건전한 운영과 관광산업의 진흥을 위하여 문화체육관광부장관이 정하는 사항"으로 되어 있는데 이는 '카지노업'에 대한 근거로 '복합리조트'의 허가근거는 아니라고 해야 할 것이다. 즉, '카지노가 없는 복합리조트'는 일부 영업만 가능하다는 명확한 규정이 없으므로 카지노업 없이 '복합리조트'만 개장하기도 어렵다.

또 다른 문제는 문화체육관광부 장관의 위임범위가 「관광진흥법 시행령」 제27조가 아니라 문화체육관광부 공고에서 정해진다는 점이다. 더 나아가 「관광진흥법」 제21조의2 제2항에 "문화체육관광부장관은 제1항에 따른 공고를 실시한 결과 적합한 자가 없을 경우에는 카지노업의 신규허가를 하지 아니할 수 있다."라고 하고 있어 행정행위가 매우 비대해질 수 있다. 게다가 문화체육관광부가 허가할 수 있는 범위는 어디까지나 '카지노업'이라 할 것이다. 그럼에도 불구하고 2015년 '복합리조트 개발 사업계획 공모'를 통해 공고하고 민간사업자의 신청을 받아 사업자를 선정하고 외국인 전용 카지노 허가를 포함한 복합개발을 허용하는 포괄적인 기준을 새롭게 창설하여 허가행위를 수행하고 있다. 이 지침에는 법률에 근거되지 않은 복합리조트 사전 청구를 요구할 수 있는 신청자격, 심사기준, 시설 요건, 승인 절차 및 허가 조건 등이 상세히 기재되어 있다. 이 같은 문제는 '복합리조트(IR: Integrated Resort)'의 정의가 존재하지 않고 '복합리조트' 활성화에 있어서 법제도적·산업적 불편과 한계에서 온 것이다. 왜냐하면 복합리조트사업의 범위와 구성요소(예: 호텔, 카지노, 컨벤션, 쇼핑몰, 테마파크 등)가 명확하지 않고 그때마다 문화체육관광부 공고의 내용에 의존하여야 할 뿐 아니라[54,55] 문화체육관광부가 신규허가를 하지 않을 수도 있다는 제21조의2 제2항은 카지노업에 대한 투자와 회수에 있어 상당한 위험으로 인식되기 때문이다. 또한 '복합리조트 개발 사업계획 공모'의 법적 근거가 「관광진흥법」 제21조의2 '공고할 수 있다'에서 찾는 것이 위임입법의 한계를 일탈한 것은 아닌지 의문이 제기된다. '복합리조트 개발 사업계획 공모'는 일반

---

54 https://www.mcst.go.kr/kor/s_notice/press/pressView.jsp?pSeq=14466&pMenuCD=0302000000&pCurrentPage=1&pAction=&pCntPerPage=10&pTypeDept=&pSearchType=01&pSearchWord=, 문화체육관광부, "문체부, '복합리조트 개발 사업계획 공모' 실시", 2015. 8. 27. 자 보도자료.

55 https://www.mcst.go.kr/kor/s_notice/press/pressView.jsp?pSeq=14990, 문화체육관광부, "'복합리조트 개발 사업계획 공모' 심사결과 발표", 2016. 6. 16. 자 보도자료.

적으로 행정규칙이라고 할 수 있으며, 법령이 아니다. 즉, 법령이 아니므로 국민들의 권리와 의무를 규정할 수 없다. 법규명령이 아닌 내부적인 행정지침의 성격에 국한되어야 하는 지침에 불과한데 '복합리조트' 사전 청구를 요구할 수 있는 신청자격, 심사기준, 시설 요건, 승인 절차 및 허가 조건을 공고하는 것은 위법한 행정행위가 아닐 수 없다.

「행정규제기본법」 제2조제2호는 ""법령등"이란 법률·대통령령·총리령·부령과 그 위임을 받는 고시(告示) 등을 말한다."라고 규정하고 있으며 지침은 행정기관이 내부적 통일성 확보나 직권 행사 기준 마련을 위해 제정한 행정 내부 규율로, 법령이 아닌 행정규칙에 불과하며 지침은 일반적으로 훈령·예규·고시·지시의 형태로 존재하나 이때 고시는 법률에 위임을 받는 고시와는 다른 행정청 내부를 구속하는 내부적 기준에 지나지 않으므로 원칙적으로 국민에 대한 직접적인 법적 구속력은 없다. 예외적으로 일정한 요건하에서 자기구속의 원칙, 신뢰보호 원칙 등에 따라 간접적으로 구속력 인정은 가능하나 궁극적으로 법령에 근거를 두지 않고 실질적 작용에서 허가 여부에 결정적인 영향을 주는 사실상 행정행위를 수반하는 기준이 되는 것은 법령의 근거 없이 국민의 권리를 제한하는 것이 된다.

「헌법」 제75조는 "대통령은 법률에서 구체적으로 범위를 정하여 위임받은 사항과 법률을 집행하기 위하여 필요한 사항에 관하여 대통령령을 발할 수 있다."라고 규정하며, 행정입법은 반드시 법률의 위임에 근거해야 한다. '권력분립원칙'은 국가권력의 통제를 통한 자유보장적 기능이 강조된 입헌주의적 원칙일 뿐만 아니라 국가기능을 분할하여 그 기능과 구조에 부합하게 상이한 국가기관에게 귀속시킴으로써 각 국가기관에게 독자적인 활동영역과 결정영역을 배분하는 기능적인 측면을 가진다.[56] 그러므로 의회가 법률로써 정한 것만 국민의 권리와 의무를 제한할 수 있도록 한 것으로 이는 사회의 복잡함과 행정의 전문성 확대로 사회 변화에 대해 법률이 따라가지 못하는 부분을 보완하는 것에 그쳐야 한다.

그러나 법률에 아예 근거가 없는 개념에 대해 행정입법이 '지침'의 형태로 허가와 승인을 하는 부분은 어디까지나 행정입법이 법률보다 국민의 일상생활을 과다하게 더 직접적으로 구속하는 결과가 되기 때문에 바람직하지 않다. 즉, 법률유보의 원칙[57]에 따라 국민의 권리·의무에 직접 영향을 미치는 경우에는 국회가 제정한 법률 또는 적어도 대통령령 이상의 근거가 있어야 하기 때문이다. 문화체육관광부는 「관광진흥법」에 '복합리조트' 개념이 아예 존재하지 않고 이에 대한 사업의 허가 및 승인을 하는 것에 대해 위임입법의 권한을 얻지 못하였다. 「관광진흥법」에 규정하고 있는 것은 어디까지나 '복합리조

---

56 임종훈·이정은, 『한국입법과정론』, 박영사, 2021, 70면.
57 임종훈·이정은, 상게서, 72면, 법률의 유보란 국가의 행정행위가 법률에 의하거나 법률에 근거하여 그 행위의 권한이 인정된 경우에만 구체적인 행위를 할 수 있다는 관념으로 입법부와 행정부 간의 권력배분과 연관되어 있다.

트'가 아니라 '카지노업'이기 때문이다.[58]

그러므로 복합리조트사업 개발에 있어 최소한의 복합리조트 관광단지 또는 관광지의 지정 및 조성계획 승인과 그 기준과 같은 법적 근거는 「관광진흥법」과 같은 법령에 구체적으로 존재하여야 하고, 민간 복합리조트사업자의 선정, 허가 기준, 카지노 포함 여부 등에 대해서는 구체적인 위임 조항을 고시하겠다는 문화체육관광부의 '복합리조트 허가'에 대한 법적 근거 중 부대시설인 카지노업을 하는 경우 검토할 수 있을 것이며,[59] 카지노업의 법적 근거로 복합리조트 허가를 하는 것은 명백히 의회 유보의 원칙에 위반된다.[60]

---

58 '복합리조트 개발 사업계획 공모', 4면에 따르면 문화체육관광부가 복합리조트사업을 허가 승인해 주는 근거를 카지노업에서 찾고 있는 오류를 볼 수 있다. "6. "복합리조트 개발 사업계획 사전심사"란 문화체육관광부장관이 제5호에 따른 카지노업의 허가와 관련하여 「관광진흥법」 제5조에 따른 허가와 「경제자유구역의 지정 및 운영에 관한 특별법 시행령」 제20조의6제1항부터 제5항까지의 규정에 따라 카지노업의 허가에 대하여 사전에 심사·판단하는 것을 말한다."

59 정종섭, 『헌법학원론』, 박영사, 2018, 1,070면.

60 양건, 『헌법강의』, 법문사, 2018, 1,238면, 의회유보는 법률이 규율하고자 하는 사항 가운데 중요하거나 본질적인 사항에 대하여는 국회가 독점적으로 이를 법률에서 정해야 한다는 것으로 국회가 아닌 기관이 법률에서 정할 사항을 결정하는 것은 허용되지 않는다는 것을 의미한다. 이처럼 일반적 규범 가운데 반드시 법률의 형식에 의해 국회가 제정해야 하는 내용을 법률사항 또는 입법사항이라고 하는데 헌법재판소는 "우리 「헌법」 제40조의 의미는 적어도 국민의 권리와 의무의 형성에 관한 사항을 비롯하여 국가의 통치조직과 작용에 관한 기본적이고 본질적인 사항은 반드시 국회가 정하여야 한다는 것이다"라고 하면서(헌재 1998.5.28. 96헌가1) 법률사항의 실체적인 내용을 국민의 권리와 의무의 형성에 관한 사항과 국가의 통치조직과 작용에 관한 기본적이고 본질적인 사항으로 보았다. 다만 기본적이고 본질적인 사항의 구체적 범위에 대해서는 행정부가 아닌 국회의 재량적 판단에 맡겨져 있다.

(2) 리조트산업 활성화를 위한 체계적 입법정비의 완성

　복합리조트사업을 하고자 하는 자는 중앙부처와 지방자치단체의 양쪽의 허가와 승인이 전제되어야 한다. 문화체육관광부는 '복합리조트 개발 사업계획 공모'에서 카지노업을 전제로 한 '복합리조트'를 허가하기 때문에 최소투자금의 유치라는 전제 조건 외에도 특정 지역을 전제로 하는 특별법이 존재하여야 한다. 즉, 「경제자유구역의 지정 및 운영에 관한 특별법」, 「폐광지역 개발 지원에 관한 특별법」, 「제주특별자치도 설치 및 국제자유도시 조성을 위한 특별법」과 같이 지방자치단체에서 '카지노업'을 할 수 있다는 규정이 존재하지 않는 경우 '카지노업'을 하지 못한다.[61]

　그리하여 최소투자금의 유치 외에도 '경제자유구역' 내 또는 제주, 폐광지역 등이라는 지역의 진입장벽이 존재하는데, 타법에 특례 규정만 제정되면 문화체육관광부 장관의 허가 권한이 새롭게 창설되어 확장되는 것은 「헌법」 위반의 소지가 있다. 「헌법」 제96조는 "행정각

61　특별법이 있다고 하더라도 문화체육관광부가 지역 공고를 통해 재지정하기 때문에 법률보다 문체부의 공고가 더 상위에 있어 이는 납득하기 어렵다. 대한민국의 경제자유구역 목록(2025년 기준)으로는 인천경제자유구역(인천 송도, 청라, 영종, 2003) 부산진해경제자유구역(부산 강서구, 진해구 일대, 2003) 광양만권경제자유구역(전남 여수·광양, 순천 등, 2003), 대구경북경제자유구역(대구, 경산, 구미 등, 2008) 황해경제자유구역(경기도 평택, 당진 등, 2008) 동해안권경제자유구역(강원 동해·강릉·삼척, 2013) 충북경제자유구역(청주 오송, 음성 일대, 2013) 세종경제자유구역(세종시 연동면 일원, 2020) 광주경제자유구역(광주 평동·첨단·경안지구, 2020)가 있는데 2015년 신규사업 지정공모 당시 세종과 광주지역을 제외하고라도 9개 지역 외의 지역은 복합리조트를 사전 승인하는 지역으로 인정되지 못했다.

부의 설치·조직과 직무범위는 법률로 정한다."라고 하고 「정부조직법」 제6조는 '권한의 위임 또는 위탁'이라는 조문명 아래 "행정기관은 법령으로 정하는 바에 따라 그 소관사무의 일부를 보조기관 또는 하급행정기관에 위임하거나 다른 행정기관·지방자치단체 또는 그 기관에 위탁 또는 위임할 수 있다. 이 경우 위임 또는 위탁을 받은 기관은 특히 필요한 경우에는 법령으로 정하는 바에 따라 위임 또는 위탁을 받은 사무의 일부를 보조기관 또는 하급행정기관에 재위임할 수 있다."[62]라고 하고 있다.

우리 「헌법」상 행정부는 대통령-국무총리-각 부처 장관이라는 위계적 구조로 조직되어 있으며, 부처별 권한은 법률에 의해 합리적으로 분장되어 있다. 그런데 「경제자유구역의 지정 및 운영에 관한 특별법」 제23조의3은 산자부 소관 법률을 개정하면서, 논리적·기능적 연계성이 없는 타 부처(예: 문체부) 장관에게 허가권을 창설하는 방식으로 이는 권한 분장의 합리적 체계 및 위계 정합성을 깨뜨리는 입법이 된다.

국회는 법률로 행정권한을 분장할 수 있으나, 그 범위는 「헌법」상 권력분립·「정부조직법」 체계와 조화되어야 하며 국회가 자의적으로 권한을 배분하면, 행정부 내부의 조직법적 위계질서가 붕괴되고, 이는 「헌법」상 행정부 일원성을 해치게 된다.[63] 권한의 배분은 정부조직의 업무분장상 합리적 관련성이 있어야 하는데, 관련성이 없는 권

---

62 「정부조직법」 제6조제1항
63 「헌법」 제66조제4항

한 창설은 법치주의의 예측가능성 원칙을 위반하는 것이 된다.

만일 국회가 만든 법률이 행정부 내부의 합리적 분장 원칙을 무시하고 부처 간 위계를 교란한다면, 이는 사실상 대통령의 통할권을 침해하는 결과가 된다고 보며 이는 권한쟁의가 생겨날 여지를 준다.

그런데 「관광진흥법」 제21조 카지노 허가요건 어디에도 「경제자유구역의 지정 및 운영에 관한 특별법」, 「폐광지역 개발 지원에 관한 특별법」, 「제주특별자치도 설치 및 국제자유도시 조성을 위한 특별법」과 같은 내용은 존재하지 않는다. 그러므로 당해 특별법들이 「관광진흥법」의 특별법이라고 국민 누구나 「관광진흥법」 체계에서 예상하기도 또는 이해하기도 어려우며 산업통상자원부 등 아예 부처가 다른 소관 법률에서 갑자기 문화체육관광부의 허가권으로 유보되어 사업을 할 것이라고 보기는 어려운 점 등을 볼 때, 이와 같이 정부 조직내 업무 분장과 무관해 보이는 정부 부처간 일반법과 특별법의 존재를 창설하도록 국회에게 입법권을 위임한 것은 아니다. 그러므로 의회유보의 원칙에 부합하도록 복합리조트 활성화를 위해 외국인 투자를 촉진하고, 제주도의 지방자치를 인정하고, 폐광지역의 활성화를 촉진하는 것도 중요하지만, 이는 「관광진흥법」 내 복합리조트를 허가하는 문화체육관광부 업무 범위를 명확히 해야 하는 부분으로, 복합리조트 개념을 도입하고 카지노업을 하고자 하는 카지노업을 제외한 부대시설을 제공하여야 한다는 것을 명확히 하고 복합리조트 지역 지정에 있어 지역경제, 지방자치, 외국인 투자 등을 고려사항으로 하고 있음을 밝혀야 할 것이다. 그러므로 복합리조트 활성화를 위해 체계적 입법이 요구되며, 단일 법제 내에서 해당 특별법들이 예상될 수 있도록 정리될 필요가 있다.

그러므로 「관광진흥법」 제21조의 카지노 허가 요건을 보고 복합리조트 지침이나 고시로 카지노업을 할 수 있게 되리라고 일반인은 예측하기 어려울 뿐만 아니라 제21조의 허가요건 외에 지방자치단체가 특별법에 따라 카지노업을 할 수 있는지의 승인규정은 별도 입법으로 존재한다는 사실을 알아차리기 어렵다. 즉, 복합리조트를 설립하기 위한 최소투자금 등과는 별도로 지역제한의 부분은 「관광진흥법」 규정에 있지 않아 별도의 지방자치단체에서 가능한지 특별법 여부를 확인하여야 한다. 이는 문화체육관광부장관의 권한이 「관광진흥법」을 넘어서서 별도의 법적 근거를 다른 행정부처의 법령에서 두는 근거를 「관광진흥법」에 마련해 두지 않았기 때문에 법치주의의 위반이 아닐 수 없다. 법률안의 입안은 어디까지나 그 입안의 결과가 기존의 법체계 속에서 기능하며 법질서를 형성하는 또 하나의 법규범을 만드는 작업을 지향하기 때문에 기존의 법체계와 내용 면에서 상충되어서는 아니 되고,[64] 형식 면에서도 통일성이 유지되어야 하는데 특별법의 근거가 「관광진흥법」을 일반법으로 하여 제정된 것인지 아무도 예측할 수 없다면 이는 입법적 정비가 필요한 부분이기 때문이다. 그 밖에도 복합리조트업을 전제로 하기 때문에 우리나라의 흩어져 있는 분산법령의 숫자가 과도하게 외국 투자자에게 부담이 되

---

64 박영도, 「입법기술의 이론과 실제」, 『입법이론연구 V』 연구보고 97-1, 한국법제연구원, 1997, 27면, 이를 입법기술의 주요 준칙(적용원리)라고 기술한다.

는 것도 사실이다.[65] 그러므로 일본의 IR법과 같이 복합리조트와 관련된 내용들은 별도로 단일법화 하는 것이 적절하다.

---

65 현재 '복합리조트'사업을 하기 위해서 검토해야 할 법령은 상당히 많다. 앞서 살펴본 입지 조건상 허가지역과 최소투자액과 관련한 법률인「관광진흥법」외「경제자유구역의 지정 및 운영에 관한 특별법」'내국인도 포함하는 카지노업」을 하는 복합리조트의 경우에는「관광진흥법」과「폐광지역 개발 지원에 관한 특별법」이 적용된다. 그 밖에 제주도는「제주특별자치도 설치 및 국제자유도시 조성을 위한 특별법」을 가지고 있어 아예「관광진흥법」의 적용 밖에 있기도 하다. 복합리조트의 기본은 고급 숙박시설로서 관광숙박업으로 등록 시 등록제로 시·도지사에게 등록을 하여야 한다. 이때「관광진흥법 시행령」제5조의 등록기준에 도달하여야 하며 시설의 유형·규모·입지에 따라「건축법」,「식품위생법」,「소방시설법」,「화재의 예방 및 안전관리에 관한 법률」등 다른 법령도 함께 적용된다. 즉, 숙박시설은 다중이용업소 또는 특정소방대상물에 해당하므로 화재감지기, 스프링클러 등 소방설비 설치가 필수이며 완공 후 스방검사를 받아야 사용 승인된다. 그 밖에도「장애인·노인·임산부 등의 편의증진 보장에 관한 법률」에 따라 장애인용 객실과 출입구, 경사로 등 설치 의무 규정을 준수하여야 하고「산업안전보건법」상 객실 청소직 등 근로자 안전보건관리 규정 등의 적용은 모두 강행규정이다. 다음으로 복합리조트에 있어서 빠질 수 없는 쇼핑몰과 식음료시설 등에도 다양한 법령이 들어간다. 건축, 위생, 영업, 안전 등 다양한 법령에 따라 규제되는데「건축법」상 '판매시설' 또는 '근린생활시설'(대형이면 안 됨)로 분류되어 건축허가와 신고, 사용승인이 필수이다. 특히 주차장 설치 기준, 채광, 일조권 등 물리적 조건이 적용되며 대형 복합몰은 반드시 도시계획시설(판매시설) 지정과 관련 허가 절차가 필요하다. 만일 대형유통시설(연면적 3,000㎡ 이상)에 해당되는 쇼핑몰, 아울렛, 복합쇼핑몰 등은 대규모점포로 간주되어「유통산업발전법」시도지사 에게 등록도 필요하다.「소방시설법」,「화재의 예방 및 안전관리에 관한 법률」,「장애인·노인 임산부 등의 편의증진 보장에 관한 법률」외에 식음료를 취급하는 형태가 식당, 카페, 푸드코트, 키오스크 등 모든 조리·판매 업소에 해당하면「식품위생법」의 적용을 받는다. 특히「식품위생법 시행령」제21조에 따르면 휴게음식점, 일반음식점, 단란주점, 유흥주점, 위탁급식, 제고·점영업 등으로 분류되는데 휴게음식점, 일반음식점, 제과점영업은 신고를, 단란주점, 유흥주점, 위탁급식은 허가를 받아야 한다. 카페, 음식점이 입점한 건물은 '근린생활시설' 또는 '판매시설'로 허가받아야 하며 용도 불일치 시, 건축물 용도변경 허가가 필요하다. 또한「청소년보호법」,「주세법」,「저작권법」등 기타 법률에 따라 주류판매 신고, 오후 10시 이후 만 19세 미만 출입 제한, 음악을 틀 경우 음악저작권료 징수 기준 적용 등이 요구된다. 그리하여 복합리조트를 개발, 운영하고자 하는 사업자가 검토하여야 하는 법령은 상당히 많은 것이 사실이다. 카지노업은 면적의 제한을 통해 복합리조트의 부대시설로만 볼 수 있도록 규정한다. 그러나 1조 원이 넘는 투자에 비해 싱가포르, 일본의 단일법제를 중심으로 파악해야 하는 법제와 달리 20여 개가 넘는 우리나라의 복합리조트 관련 산만한 법령은 규제로 인식되어 상당한 행정력을 들였음에도 불구하고 결국 사업자의 부정적인 투자철회 결정을 초래하기도 하는 것이 사실이다.

2. 내외국인 구별 없는 건전한 카지노 문화 정착

우리나라 카지노산업은 1967년 외국인 전용 카지노가 처음 허용된 이후, 주로 외환보유액 확대와 외국인 관광객 유치를 목적으로 발전해 왔다. 그러나 현재 우리나라는 GDP 세계 10위권에 속하는 경제 선진국이 되었고, 외환보유액 또한 과거와 달리 안정적인 수준을 유지하고 있다. 그럼에도 불구하고 내국인 출입이 가능한 카지노는 강원랜드 단 1곳에 국한되어 있으며, 나머지 16개 카지노는 외국인 전용으로 제한되어 있다.[66] 이러한 제도는 오히려 내국인이 해외 카지노로 유출되어 외화를 소비하게 하는 결과를 초래하여, 국가 경제적 측면에서 낭비가 아닐 수 없다. 따라서 현행 제도를 유지할 합리적 근거가 점차 약화되는 상황에서, 내국인 출입 규제의 완화 여부와 그 방식에 대한 검토가 필요하다. 특히 싱가포르와 일본의 사례처럼

---

66 「경제자유구역의 지정 및 운영에 관한 특별법」 "제23조의3(외국인전용 카지노업 허가 등의 특례) ① 문화체육관광부장관은 경제자유구역에서 카지노업의 허가를 받으려는 자가 외국인투자를 하려는 경우로서 다음 각 호의 요건을 모두 갖춘 경우에는 「관광진흥법」 제21조에도 불구하고 같은 법 제3조제1항제5호에 따른 카지노업(외국인전용 카지노업만 해당한다)의 허가를 할 수 있다. 1. 경제자유구역에서의 관광사업에 투자하려는 외국인투자 금액이 미합중국화폐 5억달러 이상일 것 2. 투자자금이 형의 확정판결에 따라 「범죄수익은닉의 규제 및 처벌 등에 관한 법률」 제2조제4호에 따른 범죄수익등에 해당하지 아니할 것 3. 그 밖에 투자자의 신용상태 등 대통령령으로 정하는 사항을 충족할 것 ② 제1항에 따른 카지노업의 허가를 받으려는 자는 대통령령으로 정하는 바에 따라 문화체육관광부장관에게 허가를 신청하여야 한다."라고 규정하는데 이 규정은 문체부가 복합리조트 신청요건에서도 그대로 규정하여 지침에서는 총사업비에 대해 법률의 근거 없이 사업기간 내에 투자되는 금액을 말하며, 미화 5억 불에 해당하는 외국인 투자가 경제자유구역이기 때문에 포함되어야 한다고 되어 있는데 이 규정이 왜 사업자에게 특례가 되는지 납득하기가 어렵다.

입장료·횟수제한 등 사회적 안전장치를 마련하면서도 내국인 출입을 허용하는 제도는 우리나라에도 시사점을 준다. 싱가포르 「카지노 통제법(Casino Control Act 2006)」 Section 116(1)(a) Residents에 대한 Entry Levy 부과를 규정하고 있다. Section 116(6)은 Entry Levy를 납부하지 않고 카지노에 입장할 경우, 최대 SGD 1,000 벌금이 부과될 수 있다. 내국인 및 영주권자가 카지노 출입 시 입장료 부과하는 제도를 운영하는데, 24시간 기준 SGD 150, 연간 패스 SGD 3,000이다. 이러한 출입료의 제도적 취지는 도박 중독 억제 및 과도한 출입 방지에 있으며 사회적 비용 통제와 동시에 내국인에게 제한적 참여 기회를 부여하여 복합리조트산업 활성화에 기여하고자 한다.[67]

일본은 「복합리조트 실현법 2018」 제65조에 내국인 출입을 허용하되 주 3회, 월 10회로 횟수 제한 규정을 두었는데[68] 이는 카지노의 사행성 폐해를 억제하면서도 지방의 창생 및 관광산업 진흥을 병행하기 위함으로 보인다. 이와 같이 법률 차원에서 명확한 규정이 존재하는 것은 사회적 안전망을 국가가 마련하고 있음을 보여주고 투자자의 예측 가능성을 확보하기 위함이라고 한다. 우리나라도 싱가포르와 일본의 사례처럼 복합리조트 단일 법제(가칭 '복합리조트 개발 및 운영에 관한 법률')를 제정하여, 카지노를 단순한 '숙박업 부대

---

67 https://www.gentingrewards.com.sg/en/home/casino/casino-entry-levy, 센토사 리조트 카지노 규제규칙.
68 https://www.japaneselawtranslation.go.jp/en/laws/view/3518, 일본 법령 영어 버전; https://en.wikipedia.org/wiki/Gambling_in_Japan, 일본 도박 관련 현황

시설'에서 관광·문화·엔터테인먼트 산업의 핵심 인프라로 재위치화할 필요가 있다. 내국인 출입을 허용하되 단순한 전면개방이 아니라 입장료 부과, 출입 횟수 제한, 도박 중독 예방 프로그램 참여 등을 조건으로 한 "관리된 자유" 방식으로 입법한다면 산업정책적 활용이 가능할 것이다. 즉, 복합리조트를 통해 관광산업, MICE산업, 지역경제 발전을 종합적으로 육성할 수 있고, 헌법적 정당성으로 직업의 자유·재산권 보장과 국민 보호 의무 간의 균형을 확보할 수 있을 것이다.

우리나라에 가장 적합한 방식은 2016년, 2018년 일본 IR 추진, 실현법을 합친 일본의 「특정복합관광시설구역 정비법(平成30年 法律 第80号, 통칭 IR整備法/IR Implementation Act)」으로 볼 수 있는데 이 법은 카지노사업 면허, 입장 제한, 입장료, 감독기관(カジノ管理委員会, JCRC)의 내국인 통제 규정과 함께 복합리조트를 규율하는 법으로 ① 입장 횟수 제한(내국인·거주 외국인 대상)에 있어 연속 7일 3회, 연속 28일 10회까지 입장 가능 지침을 고수하고 있고 (비거주 외국인에 해당하나 관광객 등은 제외)[69]되며 ② 입장료 규정, 내국인 및 일본 거주 외국인 회당 6,000엔(국가 3,000엔 + 지자체 3,000엔, 비거주 외국인은 면제)[70] ③ 미성년자 광고금지의무, 만 20세 미만의 자는 카지노시설 입장·체류 금지(광고 시에도 "20세 미만

---

69 일본 「IR 정비법」 제173조(입장 제한) 및 관련 규정(제69조 등: 입장금지 대상 열거). 정부·위원회 자료에도 동일 취지로 명시하였는데 이때의 "입장 1회"에 대해서는 통상 이전 입장 후 24시간 경과를 기준으로 산정한다는 해석이 유력하다고 한다.
70 일본 「IR 정비법」 제176조(국가분 3,000엔), 제177조(지자체분 3,000엔)을 카지노가 내게 되어 있다.

입장 불가" 고지 의무)[71] 등의 규정을 포함하는 방식이다.

  이와 같이 내국인도 외국인과 동일한 수준에서 복합리조트 내 내국인의 금지지역으로서가 아니라, 건전한 카지노 문화를 알려주는 입장·소비·행태 규칙은 대상을 불문하고 동일한 강도로 국가가 카지노업에 대해 보호와 그 수익을 비카지노 영역에 투자할 수 있게 교차보조하도록 설계하는 책임 있는 규제방식을 보여줄 것이다. 특히 복합리조트의 진입장벽에 대해 핵심 의무는 법에 규정하고 수치·절차는 시행령·고시로 위임하여 구속력과 유연성을 동시에 확보한다면 해외 카지노와 복합리조트로 빠져나가는 지출을 국내 체류로 전환하고 관광산업과 MICE산업에도 도움이 될 뿐 아니라 대규모 민간투자가 호텔·공연·리테일·컨벤션 수요를 동반하여 비카지노산업 매출을 확대시킬 수 있고 콘텐츠산업과 연계하여 e스포츠·공연·전시·푸드테크 등 융합 생태계를 촉진할 수 있을 것이다. 특히 현행 관광진흥기금의 일정비율 의무 분담이 아닌 타 국가 방식의 GGR(총게임수익) 기반 기금으로 공중보건·문화·체육에 안정적 재원 조성에도 국내 카지노의 내국인 금지 규정 개선은 반드시 필요한 과제가 아닐 수 없다.

---

71 일본 「IR 정비법」 제106조 제5항(광고 시 의무고지)

3. 사행산업에 대한 국가의 법정책 접근 변화 촉구

(1) 사행산업에 대한 세계적 법정책 접근의 변화

우리나라는 카지노사업에 있어 「관광진흥법」상 허가를 하였다고 하더라도 외국인 전용으로 운영되는지, 관련 게임기기들이 사행성을 띄는 것으로 추정하여 해당 기기들을 반입해도 되는지에 대해 사전 허가를 받는다. 또한 지속적으로 면허를 유지하기 위한 다양한 재정 평가를 지속적으로 유지한다. 카지노사업자는 일반적인 법인세 외에도 매출액의 10%를 관광진흥기금으로 출연해야 하며[72] 이는 위헌이 아니라는 판결을 받은 바 있으나[73] 그 밖에 별도로 4%의 개별 소비세를 납부하고 있는 실정이다.[74] 관광진흥기금 10%는 세금과 별도로

---

[72] 「관광진흥법」제30조
[73] 「관광진흥법」제10조의4제1항 위헌소원, 1999.10.21. 선고 전원재판부 97헌바84 판결, 카지노업은 관광사업 중에서 수익성이 가장 높고 다른 관광사업과는 달리 등록·지정이 아닌 허가를 받도록 하고 있을 뿐만 아니라 그 허가요건도 전에 비하여 강화되어 매출액 및 이익의 증가가 예상되는 상황에서 부족한 관광진흥개발기금의 확충을 통하여 관광사업의 발전에 필요한 재원을 확보하기 위하여 카지노사업자에게 일정금액을 관광진흥개발기금에 납부하게 하여 이 기금을 관광사업의 발전을 위한 특정한 용도에만 사용하도록 하는 것은 관광사업의 발전이라는 입법목적의 달성을 위한 적절한 방법으로 인정되고, 카지노업의 총매출액 개념의 특수성 및 카지노업의 높은 수익성에 비추어 카지노사업자에 대하여 총매출액의 100분의 10의 범위 안에서 납부금을 부과한 것이 과도한 것으로 볼 수도 없으므로 구 「관광진흥법」제10조의4제1항이 '과잉금지의 원칙'에 위배하여 카지노사업자의 재산권을 침해하였다고 할 수 없다 판시하였다.
[74] 「개별소비세법」 및 관련 시행령에 따라 카지노 매출에 대해 4% 내외의 개별소비세가 부과되며 강원랜드 등 외국인 출입 카지노에 대해서는 2012년을 기점으로 개별소비세 4% 부과가 시작되었으며 이후 계속 적용되고 있다.

출연하는 금액으로 영업이익과 무관하게 매해 납부하는 구조이다. 그럼에도 불구하고 최근에는 해당 지역에 기여하는 바가 약하다고 하여 지방세를 부과하기 위하여 레저세라는 명목으로 카지노가 운영되고 있는 지역에서는 조례 제정을 앞두고 있는 실정이다.[75]

카지노업의 허가 및 감독 권한을 문화체육관광부에서 제주도로 이관한 근거를「관광진흥법」제5조에서 마련한 제주도의 경우는 제주특별자치도 카지노업 관리 및 감독에 관한 조례에서 제16조제1항제2호를 삭제하고 카지노 영업소 소재지 이전을 원천적으로 허용하지 않는다는 조항을 신설하는 것이 상위법령에 위배될 소지는 없는 것인지 검토하는 등 카지노업은 영업장의 이전 및 인수도 상당한 국가의 규제를 받아 왔다. 또한 폐광지역이나 제주도의 경우 지역개발기금도 내도록 하고 있으며 제주도는 계약게임 수수료까지 매출로 간주하면서 납부기준이 높아져 내륙 카지노보다 더 큰 부담을 떠안고 있다.[76] 이와 같이 카지노산업은 세수에 큰 도움을 주는 반면 사행성 자체에 대한 과도한 통제를 받아 왔는데 카지노 사업장에 반입되는 게임기기, 인력관리까지도 국가가 관여하는 것은 다른 국가에는 존재하지 않는 부분이다. 사행산업과 카지노산업은 모두 우연성과 금

---

75 https://www.kyeongin.com/article/1714125, 경인일보, "카지노 제세부담 국세·기금 편중… 인천시 '배분 지역별 불균형 해소를'", 조경욱 기자, 2024. 10. 20.
76 제주는 '제주특별자치도 외국인전용 카지노 세입금의 지역환원에 관한 조례'에서 카지노업체 납부 관광진흥기금, 지역개발기금의 사용 우선순위를 정하고 있어 카지노 수입의 일정 부분을 지역사회 환원사업에 활용하고 지역문화, 관광, 복지 증진 목적에 활용하여야 하며 제주 자체에도 지역개발기금을 납부하여야 한다.

전적 대가가 결합되어 있다는 점에서 공통점을 가지지만 법제도적 성격과 정책 목적, 관리의 필요성 측면에서 분명 구분되는 부분이 존재한다. 사행산업과 카지노산업은 모두 사행성 요소인 운에 따른 결과 금전적 보상이 포함되어 국민의 도박중독, 사회적 폐해, 범죄 연결 가능성 등의 사회적 리스크가 존재하고 국가의 면허, 허가제와 규제의 필요성이 존재하는 것은 사실이다. 그리하여 「사행산업통합감독위원회법」 제2조는 사행산업을 카지노업, 「한국마사회법」의 규정에 따른 경마, 「경륜·경정법」의 규정에 따른 경륜과 경정, 「복권 및 복권기금법」의 규정에 따른 복권, 「국민체육진흥법」의 규정에 따른 체육진흥투표권, 「전통 소싸움경기에 관한 법률」에 따른 소싸움 경기로 보고 있다.

그러나 사행산업감독위원회는 국내 사행산업의 총량을 규제하고 사회적 폐해를 방지하는 역할을 하는 기관이므로 복합리조트산업을 전제로 하는 카지노업을 관리하기에는 부적절하다. 특히 사행산업감독위원회는 복권, 경마, 토토 중심의 정책 심의기구이기 때문에 카지노산업 운영에 필요한 자금세탁방지, 국제면허제, 복합리조트와 관련된 다양한 법제이해와 같은 전문성이 미흡하다. 특히 고위험 베팅관리, 자금세탁, VIP 룸 규제, 브로커 제어 등은 별도의 전문기구가 요구된다. 사행산업감독위원회가 카지노업, 즉 복합리조트산업을 관리하게 되면 이미 관여하는 문화체육관광부, 한국관광공사, 국세청, 경찰청 등과 같은 다양한 복수 기관의 책임이 분산되고 관리범위도 더욱 확대되기 때문에 비효율성이 초래된다. 특히 복합리조트는 관광,

MICE, 엔터테인먼트 시설과 융합된 국가의 기간전략산업인데 외국인 카지노까지 총량제 적용을 하는 것은 투자자의 철수 위험이 존재한다. 그러므로 세수를 마련해 주고 기간전략산업인 카지노업은 복합리조트를 전제로 하기 때문에 기존의 「관광진흥법」 체계에서 규제하는 것은 시대착오적 발상이 아닐 수 없다. 특히 카지노 전문관리기구 없이 사행산업감독위원회가 관리하는 것은 외국에 있어 우리나라 복합리조트산업의 위상을 추락시킬 여지가 존재한다. 사행산업감독위원회는 사행산업 억제를 목적으로 설계되었기에 복합리조트산업 진흥의 정체요소가 될 수 있기 때문이다. 그래서 외국인 관광객 유치와 국가 경쟁력 제고를 위한 전략산업인 카지노산업은 별도의 전문성을 갖춘 독립적이고 투명한 산업 육성과 건전성 통제를 병행하는 '복합리조트진흥 및 관리위원회' 또는 '카지노관리위원회'와 같은 별도 기구를 통해 관리하여야 할 필요가 존재한다.

(2) 국내 온라인 도박 처벌법 제정으로 카지노업 보호의 필요

우리나라는 카지노업에 대해 강한 규제를 하여 복합리조트산업 투자에 외국인이 어려움을 겪게 하는 반면 온라인 도박에 대해서는 현행 법제가 아예 없어 입법의 부재가 심각할 뿐 아니라 복합리조트산업에 위협이 되고 있다.

일반적으로 복합리조트산업의 카지노업을 제외하고 「형법」상 도박죄가 있어 우리 법은 일시 오락 수준의 도박은 처벌하지 않고 있지만,[77] 너무 잦은 경우에는 이를 인정한다.[78] 상습도박죄에 있어서의 상습성이라 함은 반복하여 도박행위를 하는 습벽으로 행위자의 속성을 말하는데, 이러한 습벽의 유무를 판단함에 있어서는 도박의 전과나 도박 횟수 등이 중요한 판단자료가 되나, 도박전과가 없다 하더라도 도박의 성질과 방법, 도금의 규모, 도박에 가담하게 된 태양 등의 모든 사정을 참작하여 도박의 습벽이 인정되는 경우에는 상습성을 인정할 수 있고,[79] 「형법」 제246조에서 도박죄를 처벌하는 이유는 정당한 근로에 의하지 아니한 재물의 취득을 처벌함으로써 경제에 관한 건전한 도덕법칙을 보호하는 데 있다. 그리고 도박은 '재물을 걸고 우연에 의하여 재물의 득실을 결정하는 것'을 의미하는 바, 여기

---

[77] 대법원 2004. 4. 9. 선고 2003도6351 판결, 피고인은 그가 운영하는 여관 카운터에서 같은 동네에 거주하는 친구들과 함께 저녁을 시켜 먹은 후, 그 저녁값을 마련하기 위하여 속칭 '훌라'라는 도박을 하다가 적발되어 도박죄로 기소되었는데, 위와 같은 피고인의 행위의 동기나 목적, 그 수단이나 방법, 보호법익과 침해법익과의 권형성 그리고 일시 오락 정도에 불과한 도박은 그 재물의 경제적 가치가 근소하여 건전한 근로의식을 침해하지 않을 정도이므로 건전한 풍속을 해할 염려가 없는 정도의 단순한 오락에 그치는 경미한 행위에 불과하고, 일반 서민 대중이 여가를 이용하여 평소의 심신의 긴장을 해소하는 오락은 이를 인정함이 국가정책적 입장에서 보더라도 허용되는 것(대법원 1983. 3. 22. 선고 82도2151 판결 참조)이라는 점을 아울러 고려하면 피고인의 이 사건 「풍속법」 위반 행위는 사회통념에 비추어 용인될 수 있는 행위로서 사회상규에 위배되지 아니하는 행위에 해당하여 위법성이 조각된다고 봄이 상당하다고 할 것이다. 그럼에도 불구하고, 원심은 「풍속법」 제3조제3호에서 풍속영업자가 풍속영업소에서 하게 하여서는 아니 되는 도박에는 일시 오락 정도에 불과하여 「형법」상 도박죄로 처벌할 수 없는 도박도 포함된다는 이유만으로 제1심 판결을 파기하고 이 사건 공소사실에 대하여 유죄를 선고하였으니, 이는 정당행위 및 위법성 조각사유에 관한 법리를 오해함으로써 판결 결과에 영향을 미친 위법을 저지른 것이라 할 것이다.
[78] 대법원 2008. 10. 23. 선고 2006도736 판결
[79] 대법원 1995. 7. 11. 선고 95도955 판결

서 '우연'이란 주관적으로 '당사자에 있어서 확실히 예견 또는 자유로이 지배할 수 없는 사실에 관하여 승패를 결정하는 것'을 말하고, 객관적으로 불확실할 것을 요구하지 아니한다. 따라서, 당사자의 능력이 승패의 결과에 영향을 미친다고 하더라도, 다소라도 우연성의 사정에 의하여 영향을 받게 되는 때에는 도박죄가 성립할 수 있다.[80] 게임산업과 e스포츠산업의 경우 역시 국가의 통제 아래 있는데 게임은 경쟁, 몰입 요소와 사행성이 융합된 형태로 인정되어, 일찍이 게임물과 e스포츠[81], 사행성 게임물을 변별해 왔다. 「게임산업진흥에 관한 법률」의 적용대상이 되는 게임물에서 제외되는 '사행성게임물'이라 함은 "게임의 진행이 제2조제1의2호에서 제한적으로 열거한 내용 또는 방법에 의하여 이루어져야 할 뿐만 아니라, 게임의 결과에 따라 게임기기 또는 장치에 설치된 지급장치를 통하여 게임이용자에게 직접 금전이나 경품 등의 재산상 이익을 제공하거나 손실을 입도록 만들어진 게임기기 또는 장치를 의미"한다.[82] 한편, 「게임산업진흥에 관한 법률」 제28조는 "게임물 관련사업자는 다음 각 호의 사항을 지켜야 한다."라고 하면서, 제2호에서는 "게임물을 이용하여 도박 그 밖의 사행행위를 하게 하거나 이를 하도록 내버려 두지 아니할 것"이라고 규정하고, 제3호로 "경품 등을 제공하여 사행성을 조장하지 아니

---

80 대법원 2008. 10. 23. 선고 2006도736 판결
81 「이스포츠(전자스포츠) 진흥에 관한 법률」 제2조제1호, "이스포츠"란 「게임산업진흥에 관한 법률」 제2조제1호에 따른 게임물을 매개(媒介)로 하여 사람과 사람 간에 기록 또는 승부를 겨루는 경기 및 부대활동을 말한다.
82 대법원 2010. 2. 25. 선고 2009도12117 판결

할 것"을 규정하고 있으며, 제44조 제1항제1호는 위 제28조제1항제2호를 위반한 자를 처벌하고, 제44조제1항제1의2호는 위 제28조제1항제3호를 위반한 자를 처벌하도록 규정하고 있다.

그러므로 오프라인상의 카지노가 강한 규제, 「게임산업진흥에 관한 법률」상 게임물 사업자의 사행성은 처벌을 하고 있음에도 불구하고 온라인 도박에 대해 전혀 법제가 존재하고 있지 않은 현실은 분명히 같은 행위에 대해 불법성 판단에 있어 형평성이 문제 될 수 있으며, 법집행의 실효성, 그리고 기술 진보에 따른 법제도의 불균형 문제로 볼 수 있다. 무엇보다도 동일한 사행성 행위인데 국가의 통제가 미치지 못하는 부분은 카지노산업에 상당한 위협이 되고 있다. 온라인 도박은 카지노산업과 달리 우리나라에서 면허제가 아니라서 손쉽게 개장이 가능하고 단속하는 것이 결코 쉽지 않다.[83] 물론 온라인 도박은 「형법」 제246조~247조의 도박죄로 온라인 서비스 이용자를, 도박 개장죄로 온라인서비스 운영자를 처벌하는 것이 가능하다. 「정보통신망 이용촉진 및 정보보호 등에 관한 법률」 제44조의7의 불법정보에 해당하여 유통이 금지되므로 도박을 목적으로 하는 정보는 유통을 금지할 수 있고, 방송통신위원회에 요청하여 불법 온라인 도박사이트를 차단할 수도 있으나 이는 사후약방문이 될 수 있을 것이다. 「게임산업진흥에 관한 법률」에 있어서도 제32조 내지 제44조에서 사행성 게임물 제공과 관련된 규정으로 금지하고 온라인 게임, 웹

---

83 프랑스, 이탈리아, 독일, 스페인은 카지노산업과 마찬가지로 온라인 도박도 면허제로 관리하고 있다.

게임 등을 가장한 도박행위는 단속이 가능하며 영리를 목적으로 사행성 게임을 제공하는 경우 5년 이하 징역 또는 5천만 원 이하 벌금에 처한다.[84] 그러나 명시적인 온라인 도박 처벌법을 가지고 면허제로 관리, 운영하는 것과 매번 이를 단속하기 위해 법원의 해석에 의존하는 것은 분명 국가의 관리체계가 다르다고 볼 수 있다. 온라인 도박의 처벌·차단 근거가 복수 법에 분산되고, 차단·수사·자금차단이 느슨해 불법 온라인이 합법 오프라인보다 비용이 낮고 리스크가 작은 구조가 형평성 문제를 낳는 사이 카지노산업을 위협하는 불법 온라인 생태계가 성장하고 그에 반해 고강도 규제를 준수하는 합법적인 카지노와 복합리조트산업은 역차별을 받아 왔다.

그러므로 도박 자체의 허용 확대에 대해 정부는 명확하게 합법 산업에 대한 공정 환경 회복의 관점에서 보다 적극적으로 접근하여 허가받은 카지노산업, 더 나아가 복합리조트산업을 보호할 의지를 보여주어야 한다.

또한 헌법적 관점에서 볼 때에도 영업의 자유와 제한의 평등성 관

---

84 인천지방법원 2014. 11. 6. 선고 2014고단397 판결, 온라인 바둑머니를 실제 환전해 주는 방식의 운영자에게 도박개장죄가 인정되면서 온라인도박이 알려지게 되었다. 대법원 2018. 10. 30. 선고 2018도7172 전원합의체 판결, 피고인들은 갑 등과 공모하여 해외 베팅 사이트의 운영업체와 중계계약을 체결하여 중계 사이트를 개설한 후 불특정 다수의 내국인들을 회원으로 모집하고 회원들로 하여금 중계 사이트를 통해 해외 베팅 사이트에서 제공하는 각종 스포츠 경기의 승부에 베팅을 하게 하여 베팅이 적중할 경우 미리 정해진 비율에 따라 환전을 해 주고 적중하지 못하면 베팅금을 자신들이 취득하는 방법으로 중계 사이트를 운영함으로써 국민체육진흥법을 위반하였다는 내용으로 기소된 사안에서 불법적인 스포츠도박사업운영을 근원적이고 효과적으로 방지하고자 하는 데에 있다고 하였다.

점에서 동일한 사행행위인데 물리적 장소 여부인 사이버와 오프라인 여부에 따라 처벌과 단속, 국가의 관리감독의 강도가 다르다면 평등의 원칙 위반이 될 소지가 분명 존재한다. 또한, 카지노산업과 같이 복합리조트 내에서가 아니라 일상에서 온라인 도박은 청소년과 국민들에게 더 치명적일 수 있음에도 불구하고 입법이 부재한 부분은 심각한 일이므로 정부는 복합리조트 단일법 제정과 함께 이를 보장할 수 있는 조치도 함께 도모하여야 할 것이다. 복합리조트 법 내에는 복합리조트산업 내 관리통제를 받는 카지노산업을 보호할 수 있는 정부의 의지를 보여줄 필요가 있다. 오프라인상 카지노사업자는 규제와 세금, 면허를 감당하면서 사업을 영위하는 한편 온라인 도박은 무허가 불법 영업이 가능하다는 역설은 중독성과 탈세 불법의 중대함 측면에서 볼 때에도 「형법」상 특별법 제정이 불가피하고 카지노업의 심각한 시장경쟁적 지위에 있다는 사실에 있어 조속한 입법이 촉구되는 분야가 아닐 수 없다.

4. 정책적 제언

　카지노업을 전제로 한 우리나라의 복합리조트 허가와 관련하여 복합리조트의 상당한 잠재력에 비해 법령의 정비는 한참 못 미치는 것이 사실이다. 현재 복합리조트에는 「관광진흥법」, 「경제자유구역의 지정 및 운영에 관한 특별법」, 「폐광지역 개발 지원에 관한 특별법」, 「제주특별자치도 설치 및 국제자유도시 조성을 위한 특별법」, 「유통산업발전법」, 「건축법」, 「공중위생관리법」, 「식품위생법」, 「소방시설 설치 및 관리에 관한 법률」, 「장애인편의증진법」, 「산업안전보건법」 등 수많은 개별 법률과 해당 승인된 지방자치단체의 조례의 법적 적용을 받고 있다. 이때 각 시설의 성격에 따라 요구되는 요건이 달라, 사업자는 수십 개의 인허가 요건과 행정기관을 상대로 개별 절차를 진행해야 하며, 이는 비용과 시간이 과도하게 소요되는 구조를 초래하고 있다.

　그러므로 우리도 "복합관광시설 개발 및 운영에 관한 특별법"(안)의 제정을 통해 복합리조트의 개념과 범위를 정의하고, 인허가 절차, 기준, 특례조항 등을 통합적으로 규율할 필요가 있다. 이와 병행하여 「관광진흥법」을 중심으로 복합리조트 관련 업종별 기준을 통합·간소화하는 방식의 개정도 고려되어야 한다. 특히 숙박, 쇼핑, 식음료, 공연장, 카지노 등이 혼재하는 복합시설의 경우, 일률적 기준이 아닌 융복합 산업군으로서의 특성을 반영한 독립적 법제적 틀을 마련해야 한다. 현행 우리나라의 법체계는 '카지노업'을 전제로 복합리조트를 하고자 하는 자들의 허가 승인 여부가 불투명하고, 예측 가능성이 매우 낮으며, 행정부처의 자의적 판단의 우려가 분명 존재한다. 누가 봐도 면허의 요건은 필요할 때마다 법적 근거 없는 공고의 형태로 나타나기 때문에 구체적이지 않고, 행정청 재량이 과도해 보여 포괄적 위임 입법 논란의 여지가 있는 것이다.

이에 비해 싱가포르 「카지노 통제법(Casino Control Act)」 면허 기준은 보다 명확하고[85] 최대 5년 단위에서 유효 및 갱신 가능하며[86] 허가가 나는 기간도 매우 신속하다. 공개되고 투명한 기준으로 싱가포르와 일본이 접근하는 한편 우리나라의 경우 문화체육관광부 공고

---

[85] https://gonnapass.com/wp-content/uploads/2022/10/Casino-Control-Act-2006.pdf?, 이에 비해 싱가포르 「카지노 통제법(Casino Control Act)」 면허기준은 보다 명확하다. Section 44조는 'Application for casino licence'라는 조문명 아래 카지노 운영 면허는 지정된 부지 소유자 또는 그 지정인의 신청만 가능하도록 규정있고, Section 45조는 'Matters to be considered in determining applications'라는 조문명 아래 "싱가포르 도박규제청(GRA)은 면허를 부여하기 전, 신청자 및 관련자에 대해 다음 사항을 평가해야 한다."라고 하면서 가부 여부로 기준을 제시하고 있다. 인격 및 정직성(도덕성, 정직성), 재정 상태(자본, 재무 안정성), 소유·지배구조(투명한 지배구조), 재정능력(충분한 자금 확보 및 운영역량), 사업 운영능력(카지노 및 통합리조트 운영 가능성), CEO 불량 연계 여부(범죄자, 금융이력 등), 경영진 자격(주요 경영·실무 인력의 적절성), IR 목적 적합성(관광 목적 부합 여부 및 업계 표준 수준)으로 나누어 가부를 결정한다.

[86] Section 49B, 일본은 3년 허가기간으로 유효하며 재심사를 요청한다. 일본 역시 카지노 면허 기준 및 근거 조항을 2018년에 명확히 마련하면서 「특정 복합관광시설구역 정비법(特定複合観光施設区域整備法)」 제정에 따라 「IR 정비법」 제10조 내지 제13조에는 면허 발급 기준, 유효 기간, 갱신, 취소 및 감독 체계 등 규정 등을 명시적으로 둔 것은 우리 입법이 참고할 만하다. 특히 제10~11조는 라이선스 취득 시 심사 기준을, 재무 안정성, 경영진 및 주주 적합성, 도박중독 예방 조치, 반(反)자금세탁(KYC) 체계, 사회적 책임 등의 평가 항목을 구체화하여 규정하며 제12~13조는 면허 유효 기간(3년), 갱신 절차, 위반 시 취소 기준 등을 명확히 규정한다.

에 허가지역과 기준 등이 제시되고 있는 입법의 후진성은 투자자의 신뢰를 저하시키고 있다. 또한, 문화체육관광부가 언제든지 공고의 내용을 변경공고 하면 되는 부분으로 여겨져 카지노 신규사업을 하고자 하는 예비 사업자에게 많은 규제를 받으며 투자하는 대비 이익 회수에 대한 불안을 갖게 한다. 이로 인해 매력적인 복합리조트가 우리나라에 건설되지 않는 것도 사실이다. 그러므로 조속한 시일 내에 우리나라도 일본, 싱가포르와 같이 복합리조트법을 제정하여 「관광진흥법」내 카지노업을 발췌하여 복합리조트 단일법에 복합리조트의 개념을 명확히 하고 허가와 관리에 이르는 전반적인 부분에 명확성을 기함으로써 더 많은 관광자원으로서 복합리조트가 건설될 수 있는 신규 투자를 유인하여야 할 것이다.

우리나라의 관광진흥법제가 선진법제가 되려면 법치주의 원칙, 산업 건전화, 국제 기준 부합, 국민 신뢰 확보 등의 측면에서 인정받을 필요가 있으며 만일 부족한 부분은 반드시 개선되어야 할 것이다.

먼저 구체적인 요건이 시행령에서 규정되거나 전문기구가 아니라 다른 관광산업도 관리하고 있는 행정부처의 면허 심사가 객관적일지 또는 투명성 부족 시 이에 대한 이의를 제기할 수 있는지 의문의 여지가 있다.

사업자의 선정과 면허 갱신 과정에서 정책적·정무적 판단에 따라 좌우될 수 있기 때문인데 심사 기준이 구체적이지 않고 비공개로 처리되는 경우가 많아, 국제 투자자들에 대한 예측 가능성이 저하된다. 직접적인 실패는 자금 부족이었으나 시저스 코리아, 인스파이어 면허 갱신 실패 사례에서 행정적 불확실성은 우리나라에서 카지노사업을 운영하는 데 불편함으로 작용하고 있는 것이 사실이다.

둘째, 카지노 운영에 대한 통합적 관리가 부재하고 있다. 카지노에 대한 현장 점검, 재무감사, 시스템 통제, VIP 룸 감시 등 상시 감독체계가 없고 이에 대해 한국관광공사가 하고 있다고는 하나 법적 근거가 존재하지 않는다.

특히 문화체육관광부와 한국관광공사는 정책 부서로, 수사·감독 권한이나 전문성이 제한되는 것이 사실이고 자금세탁기준, 내부통제기준, 자산투명성, 운영자 윤리 등은 전문기구가 있어야 관리가 가능한 부분임을 간과하고 있다.

셋째, 일본, 싱가포르 등은 카지노관리기구가 명확하게 중독방지조치와 자금세탁방지의무를 규정하고 이에 대한 단속을 하고 있으나, 우리나라는 카지노업체에게 사회적 책임 이행을 강제하거나 평가하는 공식적인 시스템은 존재하지 않는다. 도박중독률, 불법도박 이탈방지 등에 대하여 지속적인 모니터링, 연구, 자료를 축적하는 것이 필요하나 현재는 도박문제예방치유원이 사행산업감독위원회의 산하기간으로 이 업무를 하고 있으나 그 자체로 복합리조트의 카지노산업과 연계하기에는 거리가 있어 보인다.[87]

넷째, 카지노가 복합리조트산업 수익 중심인데 카지노 운영·면허·정책이 숙박·MICE는 국토교통부, 산업통상자원부, 카지노는 문화체육관광부, 보안은 경찰청, 조세는 국세청 등으로 부처 간 분산·중복되어 해외 투자자 입장에서 한국형 복합리조트는 제도적 리스크가 크고 불편하다는 평가를 받을 수밖에 없다. 그래서 대자본의 복합리조트 유치 경쟁에서 싱가포르·일본보다 뒤처지는 구조가 아닐 수 없다.

최근 들어 온라인 카지노, VIP 룸 중개업자, 환전 브로커 등의 비공식 활동에 대해서는 아예 감독이 부재한 실정이다. 즉, 경찰과 국세청의 단속에 의존하므로, 정책적 연속성·전문성이 부족하여 불법·탈법 카지노 감독 사각지대가 많아 적법하게 카지노사업을 운영하는 사업자들에게는 리스크가 크다고밖에 볼 수 없다.

현행 법령은 다양한 시설 유형에 대해 동일한 규제를 적용하고 있어 복합시설의 융통성과 효율성을 제한하고 있다. 예컨대 판매시설로 등록된 대형쇼핑몰과, 식음료시설로 등록된 푸드코트, 카페, 주점 등은 각각 별도의 시설 기준, 위생 기준, 용도지역 제한을 적용받는다. 이로 인해 하나의 건물 내에 서로 다른 시설을 복합적으로 배치하는 것이 어렵거나, 사후 변경이 사실상 불가능한 구조가 된다. 이에 따라 시설의 규모, 기능, 업종의 조합에 따라 맞춤형 규제를 설계할 필요가 있다. 예를 들어, 연면적 3,000㎡ 이상의 복합쇼핑몰에는

---

87 「사행산업통합감독위원회법」 제14조제1항에 따라 사행산업 또는 불법사행산업으로 인한 중독 및 도박 문제와 관련한 다음 각 호의 사업과 활동을 하기 위하여 한국도박문제예방치유원(이하 "예방치유원"이라 한다)을 설립한다고 규정하면서 1. 예방·치우를 위한 상담·교육·홍보 및 관련 프로그램의 개발·보급, 2. 조사·연구·분석 및 평가, 3. 예방·치유를 위한 전문인력 양성, 4. 전문 의료기관 등과의 연계·협력, 5. 예방사업 및 중독자 치유·재활 사업 지원, 6. 예방·치유 관련 국제 교류 및 협력, 7. 청소년의 도박 중독에 관한 조사 및 연구, 8. 정부 또는 위원회가 위탁하는 사업, 9. 그 밖에 사행산업이나 불법사행산업으로 인한 중독 및 도박 문제의 예방·치유를 위하여 필요한 사업 또는 활동을 하고 있다. 「사행산업통합감독위원회법」 제14조제7항에서 예방치유원은 필요한 경우 위원장의 승인을 받아 지역센터를 설치·운영할 수 있다고 규정한다.

도시계획시설 지정 절차를 간소화하거나, 주차장 설치 기준을 탄력적으로 조정할 수 있는 특례조항을 도입할 수 있다. 특히 복합리조트 내에 포함되는 카지노시설은 이미 관광진흥기금 및 개별소비세 등 세제 부담이 높은 편이므로, 추가적으로 논의되는 레저세의 적용 여부에 있어 일정 수준의 감면 또는 유예규정을 두어야 과도한 중복 과세로 인한 산업 위축을 방지할 수 있다. 복합리조트는 숙박·쇼핑·식음료·오락·도박 등 여러 산업을 융합한 새로운 형태의 관광거점이므로, 기존 규제틀로는 이를 온전히 수용하기 어렵다. 따라서 신규 사업모델이나 시설 형태에 대해서는 사전에 규제의 타당성을 검토하는 '규제영향분석(RIA)' 제도를 강화하고, 일정 범위 내에서 실증과 실험이 가능한 '규제샌드박스' 제도를 도입해야 한다. 예를 들어, 공연장과 주점이 결합된 식음료 공간, 디지털 미디어 아트와 전시·판매 공간이 혼합된 문화시설 등은 기존 용도분류에 부합하지 않아 허가가 제한되는 사례가 많다. 이에 대한 규제샌드박스를 통해 한시적으로 규제를 유예하거나, 유연한 해석을 허용함으로써 새로운 형태의 복합관광시설이 등장할 수 있는 기반을 조성해야 한다.